전염병에서 찾은 민주주의 이야기

생각하는 어린이 사회편 ②

초판 발행	2022년 06월 20일
초판 3쇄	2024년 05월 30일
글쓴이	고수진, 지다나
그린이	조예희
펴낸이	이재현
펴낸곳	리틀씨앤톡
출판등록	제 2022-000106호(2022년 9월 23일)
주소	경기도 파주시 문발로 405 제2출판단지 활자마을
전화	02-338-0092
팩스	02-338-0097
홈페이지	www.seentalk.co.kr
E-mail	seentalk@naver.com
ISBN	978-89-6098-831-6 74800
	978-89-6098-827-9 (세트)

ⓒ 2022, 고수진, 지다나

- 저작권법에 의하여 한국 내에서 보호를 받는 저작물이므로 무단전재 및 복제를 금합니다.
- KC마크는 이 제품이 공통안전기준에 적합하였음을 의미합니다.

KC	모델명	전염병에서 찾은 민주주의 이야기	제조년월	2024. 05. 30.	제조자명	리틀씨앤톡	제조국명	대한민국
	주소	경기도 파주시 문발로 405 제2출판단지 활자마을	전화번호	02-338-0092	사용연령	7세 이상		

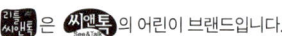
은 의 어린이 브랜드입니다.

작가의 말

전염병이 민주주의를 꽃피웠다고?

2020년 1월, 전 세계가 떠들썩한 때를 기억하나요? 중국에서 비롯된 코로나19(신종코로나바이러스감염증)가 우리나라는 물론 세계 전역을 강타한 그때 말이에요. 낯선 이름의 전염병에 사람들은 어떻게 대처할지 몰라 우왕좌왕하며 시간을 보냈어요. 아니, 시간이 멈춘 것처럼 모든 것이 마비되었죠.

코로나19가 발생하자 각 나라는 급속도로 전파되는 감염병을 막기 위해 국민의 생활을 통제하기도 했어요. 하지만 이러한 전 세계의 위기 상황 속에서 가장 많은 피해를 입는 사람은 결국 '사회적 약자'라고 불리는 소외된 사람들이었지요. 이후 사람들은 개인의 자유와 권리, 인간의 존엄성에 대해 다시 생각하기 시작했어요.

우리도 마찬가지였죠. 코로나19와 인권, 민주주의에 대한 자료를 찾다가 '과거에는 전염병이 돌면 무슨 일이 생겼지?' 하는 궁금증이 생겼거든요. 어떤 전염병이 세계를 뒤흔들었는지 하나씩 찾아보고, 그로 인해 생긴 문제와 사건을 들여다보았어요. 그리고 깨달았죠. 지금과 크게 다르지 않은 민주주의의 기본 정신이 바탕에 깔려 있었다는 걸 말입니다.

　역사를 들춰 보니 전염병이 크게 유행한 시대에는 민주주의의 의미가 점점 흔들리는 게 보였어요. 비록 전염병은 수많은 사람의 목숨을 앗아갔지만, 생명을 지키는 것만큼이나 중요한 것이 또 있었습니다. 바로 민주주의의 기본 정신이었어요. 과거 사람들은 전염병을 겪으며 목숨만을 지킨 것이 아니었어요. 인간의 존엄성을, 자유를, 법을, 인간답게 살 권리를 지켰습니다.

　'역사는 현재를 비추는 거울이고, 오늘의 기록은 미래의 역사가 된다.'는 말이 있어요. 이 책을 통해 전염병이 인류를 위협했던 역사 속에서 현재 우리가 누리고 있는 민주주의 정신을 확인해 봤으면 좋겠어요. 그리고 더 나아가 모든 국민이 나라의 주인으로서 자유롭고 평등하게 권리를 누리는 미래 사회를 꿈꿨으면 합니다.

고수진, 지다나

작가의 말　4

제1장 흑사병이 불러온 유대인의 희생　9

　나의 유대인 친구, 한나　10
　흑사병과 인간 존엄성　17
　민주주의를 찾았다!　22
　그래서 지금은?　26

제2장 아테네 역병으로 사라진 법과 질서　29

　아테네 시민이 달라졌어요　30
　아테네 역병과 법치주의　38
　민주주의를 찾았다!　42
　그래서 지금은?　46

제3장 스페인 독감, 그리고 나라 잃은 설움　49

　나라 잃은 백성의 눈물　50
　스페인 독감과 주권　59
　민주주의를 찾았다!　64
　그래서 지금은?　70

제4장 흑인을 위한 결핵 요양소는 없다 73
우리 엄마가 병원에 못 가는 이유는 까만 피부 때문? 74
결핵과 평등한 복지 81
민주주의를 찾았다! 85
그래서 지금은? 89

제5장 한센병 환자들의 감옥, 소록도 91
창살 없는 감옥에 갇힌 사람들 92
한센병과 자유권 100
민주주의를 찾았다! 103
그래서 지금은? 106

제6장 산업혁명 때 불어닥친 콜레라 109
깨끗하고 안전한 곳에서 살고 싶어요 110
콜레라와 사회권 119
민주주의를 찾았다! 123
그래서 지금은? 126

제1장

흑사병이 불러온 유대인의 희생

나의 유대인 친구, 한나

한나의 집으로 가는 길

빅터는 단짝 친구인 한나의 집으로 가기 위해 다리를 건너다 난간 너머로 강물을 내려다보았어요. 예전에는 이 강물을 따라 짐을 가득 실은

배들이 수시로 드나들곤 했었어요. 빅터는 한나와 함께 그 배들이 싣고 온 온갖 물건을 구경하며 즐거워했었지요. 그때만 해도 빅터가 살고 있는 프랑스 북동부의 이 도시는 활기가 넘쳤어요.

하지만 2년 전이었던 1347년, 흑사병이 온 나라를 뒤덮은 뒤부터 도시의 활기는 사라졌어요. 흑사병은 한 번 걸리면 얼굴이나 손발이 시커멓게 썩다가 며칠 내로 죽음에 이르는 무서운 병이었어요. 빅터는 생기 넘치던 도시의 모습이 아주 오래전 일처럼 까마득하게 느껴졌어요.

그때 빅터의 등 뒤로 부인들 몇몇이 대화를 나누며 지나쳤어요.

"아휴, 세상에. 우물에 독을 풀다니. 그게 사람이 할 짓이에요?"

"유대인의 짓이 확실하대요?"

"그렇대요. 조사를 받던 유대인들이 자기 입으로 다 털어놓았대요."

'휴, 또 저 소리.'

빅터는 잔뜩 인상을 찌푸렸어요. 도시 사람들은 만나기만 하면 유대인이 우물에 독을 풀어서 병을 퍼뜨렸다고 이야기했어요. 하지만 빅터는 그 말을 믿지 않았어요. 조사를 받고 온 유대인 중에서 온몸이 멍투성이에다가 서 있는 것조차 힘들어 보이는 사람들을 여럿 보았거든요. 혹독한 고문을 받은 것이 틀림없었지요.

"누구라도 그렇게 고문을 받으면 없는 죄라도 불겠다."

빅터는 혼자 중얼거렸어요. 하지만 그게 꼭 남의 일처럼 느껴지지 않았어요. 흑사병이 퍼진 후로 빅터의 부모님은 한나와 어울리는 것을 싫어하셨거든요. 한나가 유대인이라는 것이 그 이유였지요.

빅터는 오늘따라 한나와 한나의 가족들이 무사한지 걱정이 되어 가만히 있을 수 없었어요. 그래서 부모님 몰래 집을 나와 한나에게 가는 길이었지요.

흑사병은 신이 내린 벌

빅터는 도시의 가장 구석진 곳에 자리 잡은 마을로 갔어요. 그 작은 마을에는 한나의 가족이 다른 유대인들과 모여 살고 있었지요.

걷다 보니 어느새 마을 입구에 다다랐어요. 그때였어요.

"으아악!"

누군가의 울음 섞인 비명 소리가 들렸어요. 빅터는 걸음을 멈추고 귀를 기울였어요. 한두 명이 내는 소리가 아니었어요. 빅터는 알 수 없는 불안감에 휩싸였어요. 무언가 생각할 겨를도 없이 소리가 나는 마을 안쪽으로 뛰어갔어요.

비명 소리는 마을 안쪽의 공터에서 들려왔어요. 그곳에는 수십 명이 둥글게 서 있었어요. 그들은 한가운데를 바라보며 "이 병은 신이 내린 벌이야!", "제물을 바쳐서 용서를 구해야 돼!"와 같은 말을 외치고 있었어요. 빅터가 얼른 그들 쪽으로 달려갔어요.

그 순간, 빅터의 눈에 들어온 것은 꽁꽁 묶인 채 살려 달라며 울부짖는 유대인들이었어요. 그 옆에서는 몇몇 사람들이 장작을 쌓고 있었어요. 믿기 힘들 정도로 끔찍한 광경이었어요. 사람들은 유대인을 고문해서 흑사병을 퍼뜨렸다는 자백을 받아내는 것으로도 모자라, 신에게 용서를 구해야 한다며 기어코 그들을 희생시킬 작정인 듯했어요.

빅터는 붙잡혀 온 유대인들을 한 명씩 살펴보았어요. 제발 저 중에는 한나가 없기를 간절히 바랐지요. 하지만 빅터의 바람과 달리 가족들과 함께 붙잡힌 한나를 발견하고 말았어요. 한나는 공포에 질려서 눈을 꼭 감은 채 바들바들 떨고 있었어요.

유대인은 죽어도 되는 사람?

그때 장작을 쌓고 있는 피보스 아저씨가 보였어요. 피보스 아저씨는 빅터의 옆집에 살고 있었지요. 빅터는 피보스 아저씨에게 다급히 달려갔어요.

"아저씨, 여기서 뭐 하세요? 저기에 제 친구가 있어요! 제발 그만두세요."

빅터는 피보스 아저씨의 허리에 매달리며 애원했어요.

"걸리적거리니 저리 가거라!"

피보스 아저씨가 차가운 눈빛으로 빅터를 노려보며 소리쳤어요. 그때만큼은 늘 친절했던 피보스 아저씨가 아니었어요. 빅터는 겁이 났지만 물러서지 않았어요.

"왜 그러세요? 저 사람들이 뭘 잘못했다고 이러세요?"

"이거 놓아라. 저들은 죽어도 되는 자들이야!"

"세상에 죽어도 되는 사람이 어디에 있어요? 제발 그만두세요. 제발요."

빅터는 피보스 아저씨 손에서 장작을 뺏기 위해 달려들었어요. 그러나 아저씨의 힘을 감당하기에는 역부족이었어요.

빅터는 장작을 쌓고 있는 사람 중 아무나 붙잡고 울며불며 사정했어요.

"저 사람들도 우리 이웃이잖아요. 이 세상 모든 사람은 귀하고 소중하댔어요. 저기에 붙잡혀 있는 사람들도 모두 귀한 사람이라고요. 엉엉."

하지만 빅터는 곧 누군가에게 붙잡혀서 공터 밖으로 끌려 나갔어요. 빅터는 발버둥치며 어떻게 이런 짓을 저지를 수 있느냐고 고래고래 악을 썼지만, 그 말을 귀담아 듣는 사람은 아무도 없었어요.

잠시 후, 장작더미에서 불이 타오르기 시작했어요. 빅터는 사람들 사이로 다시 뛰어 들어갔지만 누군가에게 막혀서 더 이상 가까이 가지 못했어요.

속수무책으로 묶인 유대인 중에는 울부짖다가 정신을 잃은 사람도 있고, 두 손을 모아 기도하는 사람도 있었어요. 빅터는 한나를 찾았지만 하염없이 흐르는 눈물 때문에 아무것도 보이지 않았어요.

지금 이 순간, 빅터는 세상에서 가장 끔찍한 악몽을 꾸고 있는 것만 같았어요.

흑사병과 인간 존엄성

> **검은 죽음이 찾아오다**

흑사병은 페스트균에 감염되어 걸리는 병이야. 벼룩이 페스트균에 감염된 쥐의 피를 빨아 먹다가, 다시 사람을 물어서 병이 퍼지게 되었지. 이렇게 페스트균에 감염되면 피부에 검푸른 반점이 생기고 그 부분이 썩으면서 죽음에 이르기 때문에 흑사병이라는 이름으로 불리게 되었어.

유럽에서 흑사병이 가장 먼저 발견된 곳은 이탈리아의 제노바로 알려져 있어. 제노바는 여러 나라의 무역 상인들이 자주 드나드는 곳이었는데, 그들을 통해 프랑스의 마르세유까지 흑사병이 번졌다고 해.

이후 흑사병은 북유럽과 동유럽까지 퍼져 나가며 400년 동안이나 유럽 사

람들을 괴롭혔어. 특히 1347년부터 1352년까지 5년 동안 유럽 전체 인구의 3분의 1이 흑사병에 걸려 죽었다고 해. 그만큼 흑사병은 전 유럽을 빠른 속도로 전염시켜 사람들을 엄청난 공포에 빠뜨렸어.

➕ 지식플러스

벼룩이란?

벼룩은 2~4mm 크기의 아주 작은 곤충이에요. 높이는 20cm까지, 거리는 35cm까지 뛰어다니면서 사람이나 포유류의 피를 빨아 먹고 살지요.

흑사병 전염은 유대인의 탓?

흑사병으로 죽은 사람들이 많긴 했지만 그중에서 유대인의 수는 얼마 되지 않았어. 유대교에서는 몸과 주변 환경이 깨끗해야 맑은 영혼을 가질 수 있다고 가르쳤거든. 그래서 유대인은 청결을 중요하게 여겼는데, 그 덕분에 병에 걸리는 사람들이 적었지.

하지만 사람들은 유대인이 흑사병에 잘 걸리지 않는 것을 수상하게 생각했어. 그러다 보니 유대인이 우물에 독을 풀어서 병을 퍼뜨렸다는 소문까지 돌게 됐지. 급기야 유대인을 끌고 가서 소문이 사실인지 아닌지 조사하기 시작했어. 혹독한 고문까지 이어졌지.

결국 고문을 참지 못한 유대인들은 우물에 독을 탔다고 거짓 자백을 하고 말았어. 그러자 흑사병에 대한 두려움으로 원망할 대상이 필요했던 사람들은 유대인을 향한 증오심이 폭발하면서 그들을 학살하기에 이르렀어.

왜 유대인이었을까?

　유대인은 유대교를 믿는 민족으로, 오랫동안 나라를 잃은 채 유럽 곳곳에 흩어져 살았어. 유럽 땅에 살던 사람들 중에는 나라도 없이 떠돌아다니는 유대인을 차별하고 미워하는 사람들이 많았지.

　그러던 어느 날, 흑사병이라는 무서운 병이 퍼지기 시작했어. 하지만 당시 사람들은 벼룩이 병을 옮긴다는 사실을 알지 못했어. 그래서 어떤 사람들은 흑사병을 신이 내린 벌이라고 여기며 신을 달래 줄 제물을 찾아다녔지.

　그러다가 어느 곳에서도 보호받지 못한 채 약자로 살고 있는 유대인이 그들의 눈에 띄게 된 거야. 그들은 유대인을 존중받아야 할 인간이 아니라 재앙을 물리치기 위한 희생양으로 여겼어. 흑사병에 대한 두려움이 약자를 미워하는 마음을 더욱 부추겼던 거지. 결국 유대인을 마구잡이로 잡아서 구덩이에 파묻거나 불에 태워 죽이는 잔인한 행동으로 이웃을 희생시키고 말았어.

민주주의의 바탕을 이루는 인간 존엄성

우리는 모두 귀하고 소중한 존재야

인간은 모두 귀하고 소중한 존재이며, 모든 인간은 마땅히 존중받을 만한 가치가 있어. 이를 '인간 존엄성'이라고 해.

흑사병으로 언제 죽을지 몰랐던 시절에는 모든 인간이 존엄하다는 생각을 하지 못했어. 살아온 방식이 다르면 쉽게 미워하고 그들이 약자인 경우에는 생명을 해칠 만큼 함부로 다루었지.

지금은 인간 존엄성이 중요하다는 사실이 널리 퍼져 있어. 하지만 잘 지켜지지 않는 경우가 많아. 여전히 상대를 혐오하거나 안전을 위협하는 일들이 사회 곳곳에서 벌어지고 있어.

인간 존엄성은 서로를 존중하겠다는 약속이야. 나의 존엄성뿐 아니라 상대의 존엄성까지 존중하겠다는 마음가짐을 가져야 비로소 잘 지킬 수 있어.

➕ 지식플러스

칸트와 인간 존엄성

독일의 철학자 칸트는 "인간은 결코 어떤 목적을 위한 수단이 되어서는 안 된다."라고 말했어요. 인간이 수단이 된다는 것은 요리를 할 때 사용하는 칼이나 도마처럼 도구로 쓰인다는 말이에요. 인간을 도구처럼 사용한다는 것은 인간의 존엄성을 무시하는 행동이지요. 그래서 칸트는 인간을 무엇을 위한 수단으로 여겨서도, 스스로 그런 수단이 되어서도 안 된다는 말을 남긴 거예요.

인간 존엄성은 민주주의의 기본 가치

20세기 초, 독일을 통치했던 히틀러는 인간 존엄성을 무시하며 국민이 나라를 위해 희생하는 것을 당연하게 여겼어. 급기야 국민의 행복은 아랑곳하지 않고 나라의 이익만을 내세우며 제2차 세계대전을 일으켜 전 세계를 끔찍한 고통 속으로 몰아넣고 말았지.

그러나 전쟁이 끝난 후, 독일 사람들은 히틀러와 같은 독재자를 만들고 전쟁을 일으킨 것에 대해 깊이 반성했어. 그리고 다시는 이런 일이 없도록 "인간의 존엄성을 훼손하지 않는다."는 내용을 새로 만든 헌법의 첫 번째 조항으로 넣었지. 과거의 뼈아픈 경험을 통해 인간 존엄성을 가장 중요한 가치로 내세우게 된 거야.

인간 존엄성이 훼손되면, 사람에 대한 존중을 바탕으로 이루어지는 민주주의도 함께 무너질 수밖에 없어. 그래서 인간에 대한 존엄이 사라진 나라의 국민은 독재자의 꼭두각시가 되어 안전과 행복을 보장받지 못해. 그렇기 때문에 인간 존엄성은 민주주의가 추구하는 가장 중요한 가치라고 할 수 있어.

인권, 존엄하게 살기 위해 필요한 권리

　인간 존엄성을 지키기 위해 필요한 권리가 바로 '인권'이야. 인권은 인간으로서 마땅히 누릴 수 있는 권리로, 인권이 보장되어야 존엄성을 지키며 사람답게 살 수 있어. 자유권, 평등권, 생명권 등 모든 인권 안에 인간 존엄 사상이 깃들어 있는 이유가 바로 이 때문이지.

　인권은 성별, 종교, 나이, 출신 지역과 상관없이 누구나 똑같이 누려야만 해. 그러나 아직 언어나 피부색, 사는 방식이 다르다는 이유로 타인의 인권을 침해하는 경우가 많아. 다양성을 인정하지 않고, 차별의 잣대로 삼았기 때문이야.

　그러나 나와 다르다고 해서 다른 사람들의 인권을 함부로 무시해서는 안 돼. 그보다는 서로의 차이를 이해하고 받아들이려는 노력이 필요하지.

코로나19를 부르는 신조어 '부머 리무버'

미국의 10대들이 SNS에서 '부머 리무버(Boomer Remover)'라는 새로운 단어를 만들어 노인들을 조롱한 적이 있어. 이 말은 '노인을 없애는 질병'이라는 뜻으로, 노인에게 치명적인 코로나19를 가리키는 말이야. 1946년에서 1965년 사이에 태어난 베이비부머 세대를 나타내는 '부머'와 없앤다는 뜻을 지닌 '리무버'를 합친 말이지.

베이비부머는 출생률이 급격히 오른 시기에 태어난 사람들을 말해. 다른 시대보다 인구가 많은 세대이니 코로나19로 인구수를 줄여 균형을 맞춘다는, 말도 안 되는 논리를 펼친 셈이야.

사회가 혼란에 빠질수록 노인, 이주민, 장애인, 어린이와 같은 약자들은 더 쉽게 혐오의 대상이 돼. 그리고 이 혐오는 인간의 존엄성을 무시하고 그들을 없어도 되는 사람으로 바라보게 만들지.

'부머 리무버'처럼 노인의 죽음을 반기는 듯한 신조어가 나온 것 역시 인간을 가치 있는 존재로 여기지 않는 마음에서 비롯되었다고 볼 수 있어.

이렇게 존중하는 마음에 차별을 둔다면, 언젠가 나의 존엄성 역시 누군가에 의해 쉽게 무시당하게 될 거야. 앞에서 말했듯 인간 존엄성은 서로가 서로를 존중해 주었을 때 비로소 지켜질 수 있다는 사실을 절대 잊어선 안 돼.

교과서 속 민주주의 키워드

민주주의의 기본 정신

존엄성·자유·평등은 민주주의의 기본 정신이에요. 민주주의를 이루려면 국민 모두가 존엄성을 가지고, 공동체의 의사 결정에 자유롭고 평등하게 참여할 수 있어야 하지요.

 # 인간 존엄성 모든 인간은 소중한 가치를 가진 존재로서 존중 받아야 한다는 뜻이에요.

 # 자유 남에게 얽매이지 않고 자신의 뜻대로 결정할 수 있는 권리예요. 하지만 나의 자유를 위해 다른 사람의 자유를 침해해서는 안 돼요.

 # 평등 인종, 나이, 성별 등에 따라 부당하게 차별받지 않는 권리예요.

제2장

아테네 역병으로 사라진 법과 질서

아테네 시민이 달라졌어요

람폰 할아버지가 쓰러졌어요

기원전 431년, 스파르타의 공격이 시작되자 아테네 시민들은 성 안으로 모두 피신했어요. 에반과 할머니도 사람들을 따라 몸을 피했지요. 줄지에 성 안은 수십만의 사람들로 북새통을 이루었어요. 신전마다 피난민들이 가득했고, 먹을 것과 잠자리 등 모든 게 불편했지요. 하지만 전쟁은 좀처럼 끝날 기미를 보이지 않았어요.

어느 날 에반이 먹을 것을 구하기 위해 거리로 나와 시내 뒷골목을 두리번거리고 있었어요.

"어? 저기 누구지?"

에반은 골목 담벼락 아래에 누군가 쓰러져 있는 것을 발견했어요. 얼른 뛰어가 보니 아폴론 신전에서 함께 지내던 람폰 할아버지였어요. 그런데 람폰 할아버지가 가슴을 부여잡고 헛구역질을 하더니 입에서 피를 쏟아내는 것이 아니겠어요?

놀란 에반이 람폰 할아버지를 부축하려고 가까이 다가서려는데 할아버지는 가까이 오지 못하도록 에반을 자꾸만 밀어냈어요.

에반은 할 수 없이 도움을 요청할 사람을 찾아 골목 밖으로 뛰어다녔어요. 그런데 이상하게도 거리 곳곳에 많은 사람이 쓰러져 있지 뭐예요.

"에반! 에반!"

그때 누군가 에반을 급하게 불렀어요. 뒤돌아보니 할머니가 서 있었어요. 할머니는 에반에게 심각한 목소리로 말했어요.

"에반, 거리에 쓰러진 사람들을 보았니? 며칠 전부터 아픈 사람들이 부쩍 많아졌다 싶더니 아무래도 역병이 도는 것 같구나……."

확실히 거리에 쓰러진 사람들은 람폰 할아버지와 비슷한 증상을 보였어요. 배 속이 활활 타는 것 같다며 비틀대다가 물가로 떼 지어 뛰어드는 사람들도 있었지요. 수십만 명이 좁은 아테네 시내에 빽빽하게 모여 있으니 역병이 번지는 것은 순식간이었어요.

하루아침에 아테네의 거리는 참혹하게 변하고 말았어요. 하지만 에반이 할 수 있는 것은 없었지요. 성 안 어디를 가도 환자와 시체들이 넘쳐 났고 성 바깥은 스파르타 군사들이 버티고 있었거든요.

변해 버린 아테네의 시민들

아테네에 역병이 휩쓴 지도 한 달이 흘렀어요. 그동안 역병으로 죽은 사람들은 수를 셀 수 없을 만큼 많았어요. 하지만 에반이 가장 두려웠던 것은 역병이 아니었어요. 역병으로 변해 버린 이웃들이었지요.

언제 찾아올지 모르는 죽음 앞에서 사람들은 오로지 자기 자신밖에 생각하지 않았어요. 살아남기 위해서라면 돈이든 먹을 것이든 가리지 않고 남의 것을 빼앗으려고 했지요. 역병이 번질수록 거리에는 누군가를 위협하며 남이 가진 걸 빼앗는 사람들이 많아졌어요. 그들에게 당하는 사람들은 주로 어린아이나 노인처럼 힘없는 이들이었지요. 시민들이 스스로 만든 법으로 질서를 지키던 아테네는 이제 힘으로 모든 것이

결정되고 있었어요.

에반도 아고라 광장에서 받은 빵을 누군가에게 뺏길까 봐 품 안에 꼭 숨겼어요. 그러고는 신전에서 기다리고 있을 할머니를 떠올리며 바삐 걸었지요.

바로 그때, 누군가가 에반의 앞을 막아섰어요. 에반이 고개를 들어 올려다보니 퀄론 형이었어요. 퀄론 형과는 성 밖에서 살 때 함께 물고기도 잡고 양 떼도 몰며 친하게 지내던 사이였어요. 하지만 퀄론 형의 가족들이 역병으로 모두 죽은 후부터 완전히 다른 사람이 되어 버렸어요.

"빵 내놓고 얼른 꺼져!"

퀄론 형은 에반에게 다짜고짜 손을 들어 때리는 시늉을 하더니, 눈을 부라리며 위협했어요. 하지만 에반은 절대 빵을 뺏길 수 없었어요. 에반과 할머니도 며칠째 한 끼도 먹지 못했거든요.

"아…… 안 돼. 할머니가 아무것도 못…… 드셨단 말이야."

에반은 겁이 났지만 겨우 목소리를 냈어요. 하지만 소용없었어요. 퀄론 형은 에반을 밀어서 넘어뜨린 후 발로 걷어차기 시작했어요. 그러고는 에반의 품속에서 빵을 뺏어 갔어요. 퀄론 형은 에반의 눈앞에 빵을 흔들더니 코웃음을 치며 말했어요.

"신고할 테면 어디 신고해 봐. 그놈의 병 때문에 오늘 죽을지 내일 죽을지도 모르는데 내가 겁먹을 것 같아? 안 그래?"

예전에는 억울한 일을 당하면 재판을 열어 억울함을 호소할 수 있었지만, 역병이 번진 이후로는 재판이 열리기는커녕 사소한 법도 지켜지지 않았어요.

질서가 무너지고 정의가 사라진 아테네는 더 이상 어린이와 노인처럼 힘없는 시민을 보호해 주지 못했어요. 그러니 퀼론 형도 이렇듯 제멋대로 구는 걸 테지요.

에반의 눈물

퀼론 형이 사라진 뒤 에반은 겨우 몸을 일으켰어요. 그때 에반보다 어려 보이는 여자아이가 두 손에 빵을 쥐고 급한 걸음으로 바로 옆을 지나쳐 갔어요.

'왜 나만 당하면서 살아야 해? 저 애의 빵을 뺏는다고 나를 벌할 사람은 아무도 없어.'

에반은 여자아이를 물끄러미 바라보다가 자기도 모르게 그 뒤를 쫓기 시작했어요. 여자아이는 종종 걸음으로 걸으며 연신 주변을 두리번거렸어요.

에반은 여자아이와의 거리를 점점 좁히기 시작했어요. 여자아이 뒤를 쫓던 에반은 점점 나쁜 생각이 들었어요. 손을 뻗으면 닿을 거리까지 가까워지자 에반은 최대한 거칠게 그 아이를 불러 세웠어요.

"야! 거기 멈춰!"

순간 여자아이의 어깨가 움찔하는가 싶더니 이내 걸음을 멈추었어요. 그러고 나서 천천히 뒤로 돌아서 에반을 쳐다보았어요. 이미 이런 일을 여러 번 겪기라도 했는지 벌써 체념한 듯한 눈빛이었어요. 아이는 천천히 빵을 내밀었어요. 작고 여린 손이 조금 떨리고 있었어요.

그 모습을 본 에반은 차마 아이의 눈을 똑바로 바라볼 수가 없었어요.

에반은 결국 고개를 떨구고는, 들릴 듯 말 듯한 목소리로 중얼거렸어요.

"미안해……. 정말 미안해……."

그러고는 그대로 뒤돌아서 달리기 시작했어요.

'아무리 아테네가 무법천지가 되었다고 해도, 나는 강제로 어린아이의 빵을 빼앗지 않을 거야.'

에반은 여전히 배가 고팠지만 후회되지는 않았어요. 누구나 법과 정의를 지키려고 노력했던 예전의 아테네로 어서 돌아가기만을 간절히 바랄 뿐이었지요.

아테네 역병과 법치주의

아테네 역병의 정체는?

아테네는 이웃 나라 스파르타와 전쟁을 벌였어. 무려 27년이나 이어진 이 전쟁을 '펠로폰네소스 전쟁'이라고 하지. 전쟁이 터지자 아테네를 이끌던 페리클레스는 시민들을 모두 성벽 안으로 불러들였어. 성벽 안에서 버티다 보면 스파르타가 먼저 지쳐서 돌아갈 거라고 생각했거든. 하지만 그가 미처 예상하지 못한 문제가 생겼어. 좁은 성벽 안에서 수많은 사람들이 지내는 동안 순식간에 역병이 퍼져 나간 거야. 아테네 시민 4명 가운데 1명꼴로 목숨을 잃을 만큼 걷잡을 수 없이 번졌지.

이 병에 걸리면 고열에 시달리다가 목구멍에서 피를 쏟으며 구토를 했어. 병

 이 심해지면 몸속이 타는 듯 뜨거워져서 고통을 느끼다 찬물에 뛰어드는 사람도 있었다고 해. 그러다가 대부분 열흘을 넘기지 못하고 숨을 거두었지.
 아테네 역병은 아주 오래전의 병이라 정확한 병명이 알려지지 않았어. 게다가 기록에 적혀 있는 증상들이 다양하다 보니 발진티푸스, 천연두, 홍역 등 여러 병이 동시에 유행한 것이 아닐까 추측하기도 해.

아테네의 질서를 지켜주던 법과 제도

아테네 시민들은 아테네 역병이 휩쓸기 전까지 법과 제도를 따르며 질서를 지키는 것을 당연하게 여겼어. 솔론과 클레이스테네스 같은 정치가들이 평민도 정치에 참여할 수 있는 법을 마련한 후에는 아테네 시민이라면 누구나 아테네의 법과 제도를 만들 때 자신의 의견을 당당하게 낼 수 있었지.

재판이 열리면 시민으로 이루어진 배심원들의 의견에 따라 판결이 내려지기도 했어. 이 과정이 하루가 채 걸리지 않을 정도로 법의 집행 과정은 신속하게 이루어졌다고 해.

이처럼 아테네 시민들은 스스로 법을 만들고 지킴으로써 아테네의 질서를 바로잡고 약자를 보호했어. 『펠로폰네소스 전쟁사』에는 아테네의 전성기를 이끌었던 페리클레스가 법으로 정의를 세우기 위해 노력하는 아테네 시민들을 무척 자랑스러워했다는 기록도 남아 있어.

법이 사라져 버린 아테네

하지만 아테네에 역병이 번지면서 시민들이 변하기 시작했어. 아테네 거리에 시체가 쌓일수록 아테네 사람들은 시민으로서 가져야 할 의무와 책임으로부터 점점 멀어져 갔지. 죽음이 바로 눈앞에 있는 상황에서 잘못을 저질러서 받게 될 벌이 전혀 두렵지 않았거든. 그래서 사람들은 점차 법을 지키지 않으려고 했어.

그러다 보니 아테네 시민들은 옳은 일과 그른 일을 구분하며 살기보다 조금이라도 공포를 잊을 수 있는 방법을 찾아다니기도 했어. 그래서 가족이나 친척이 죽을 때 남긴 돈을 챙겨 펑펑 쓰면서 오로지 즐거움만을 쫓으며 사는 사람들도 많았다고 해.

더불어 살아가기 위한 약속, 법

이 세상에 법이 사라진다면?

법이 사라지면 무엇이든 내 마음대로 할 수 있을까? 아마 그러긴 힘들 거야. 법이 없으면 사람들 사이에 일어나는 일에 대한 옳고 그름의 기준이 사라져서, 힘으로 모든 것이 결정되는 세상으로 변하게 될 거야.

그런 세상에서는 돈이나 권력으로 강한 힘을 얻은 사람이 약자가 가진 것들을 빼앗기가 무척 쉬워지지. 퀼론 형이 에반의 빵을 빼앗아 갔던 것처럼 말이야.

우리가 함께 살아가는 세상에는 법이 꼭 필요해. 법은 세상의 정의와 질서를 지켜주는 중요한 역할을 하기 때문이야. 법이 있어야 갈등이 일어났을 때 공정하게 해결할 수 있고, 우리의 권리를 보호받을 수 있어.

법은 누가 만드는 걸까?

민주주의 국가인 우리나라에서는 법을 만드는 사람들을 국민이 직접 뽑고 있어. 이때 국민에게 뽑힌 사람들을 '국회의원'이라 하고, 국회의원이 모여서 나랏일을 하는 곳을 '국회'라고 해. 우리나라 법 중에서 '법률'이라 부르는 법을 이 국회에서 만들지.

국회의원들은 국회에서 법을 만들 때 반드시 민주주의에서 추구하는 국민의 자유와 권리, 행복을 기준으로 두어야 해. 그래야 국민의 뜻에 따라 국민에게 꼭 필요한 법을 만들 수 있어.

+ 지식플러스

법에도 종류가 있어요

법 중에서 가장 위에 있는 법은 '헌법'이에요. 헌법은 다른 모든 법의 기준이 되지요. 그다음은 '법률'이에요. 법률은 국회에서 만들어요. 법률의 아래에는 행정부에서 만든 '명령'이 있고 제일 아래에는 해당 지역에만 적용이 되는 '조례'와 '규칙'이 있어요.

법에 따라 나라를 다스려야 해

민주주의의 기본 원리 중에서 법치주의라는 것이 있어. '법에 따라 다스린다.'는 뜻이야. 과거에는 왕이 나라를 다스렸을 때는 왕의 말이 곧 법이었지만 민주주의 국가에서는 국민의 뜻을 모아 만든 법에 따라서 나라를 다스려야 해.

그렇다고 해서 법에 따라 다스리는 나라를 모두 민주주의 국가라고 할 수는 없어. 개인의 자유를 막거나 독재자에게 유리한 내용으로 법을 만든 후에 국민에게 강제로 지키도록 하는 나라도 있거든. 그런 나라를 독재 국가라고 해.

법을 만들고 지키는 모든 과정에서 민주적인 절차가 지켜져야 비로소 진정한 민주주의 국가라고 할 수 있어.

📢 누구에게나 공정해야 하는 법

'법원'은 재판을 하는 곳이야. 좋은 법이 있어도 그 법을 지키는 사람이 없다면 사회 질서가 흔들리게 될 거야. 그래서 법원은 재판을 통해서 법이 제 역할을 할 수 있도록 이끌고 있어. 법을 어긴 사람을 처벌하고 사람과 사람 사이의 갈등을 해결하면서 말이야.

그렇다면 법원이 재판할 때 가장 중요하게 여겨야 하는 것은 무엇일까? 바로 공정함이야. 민주주의 사회에서는 누구나 공정한 판결을 받을 권리가 있어. 그래서 우리나라는 '삼심제도'를 마련했어. 삼심제도는 한 사건에 대하여 세 번의 재판을 받을 수 있는 제도야. 신중하게 재판을 해서 잘못된 판결로 억울한 사람이 생기지 않도록 하기 위해 만들어졌지.

전염병 방역수칙은
우리가 함께 지켜야 하는 약속

코로나19가 전 세계를 휩쓸었을 때 우리가 귀에 못이 박힐 정도로 많이 들었던 말이 '방역수칙을 지키자.'는 말이었어. 방역수칙은 전염병의 전파를 최대한 막고 우리가 이전에 누렸던 소중한 일상을 되찾기 위해 함께 지켜야 할 약속이야.

대부분의 사람은 불편함을 감수하면서도 방역수칙을 잘 지켰어. 하지만 전염병이 언제 사라질지 아무도 모르는 상황 속에서 마스크를 올바르게 쓰지 않거나, 모임 인원수 제한을 지키지 않는 등 방역수칙을 어기는 사람들도 많았지. 코로나19 확진 판정을 받은 사람이 자가격리 의무를 지키지 않고 휴대전화를 꺼 놓은 채 사라지는 경우도 있었고, 공공장소에서 마스크를 쓰라는 요구에 난동을 부리는 경우도 있었어.

아무리 조심해도 확진 판정을 받아 건강이 나빠졌거나 목숨을 잃는 사람들이 생기자 '방역수칙을 꼭 지켜야 할까?'라는 의문이 들었던 거야. 그럼에도 많은 사람의 희생과 노력 끝에 코로나19의 확산세가 점차 감소했어.

한편으로는 모두가 함께 방역수칙을 지킨다면 전염병의 전파력을 상당히 낮출 수 있다는 것도 알게 되었어.

마스크 올바르게 착용하기

자가격리

사적 모임 최소화 하기

'나 한 사람 지키지 않는 건 괜찮겠지.'라고 방심하는 순간 전염병은 분명 또다시 나와 우리 가족을 위협할지 몰라. 우리 사회의 안전을 위해 법을 지켜야 하는 것처럼, 서로의 안전과 건강을 위해 약속된 방역수칙을 잘 지키려는 노력이 필요해.

교과서 속 민주주의 키워드

 # 입법부 법을 세운다는 뜻의 '입법'은 법을 제정한다는 의미를 담고 있어요. 국회의원들이 법을 만드는 국회를 '입법부'라고 하지요.

 # 사법부 '사법'은 법을 적용하여 그 적법성과 위법성을 확정한다는 의미를 담고 있어요. 공정한 재판을 통해 법이 제 역할을 할 수 있도록 도와주는 법원을 '사법부'라고 부르지요.

제3장

스페인 독감, 그리고 나라 잃은 설움

나라 잃은 백성의 눈물

헌병 경찰의 방문

"덕이야, 어디 아픈 건 아니지?"

날이 밝자마자 덕배는 동생 덕이를 조심스럽게 깨웠어요. 어젯밤에 덕이가 자면서 콜록거린 것이 마음에 걸렸거든요. 혹시 덕이가 독감에 전염되었을까 애가 탔지요.

일제강점기의 경성에는 독감이 돌고 있었어요. 처음에는 흔한 감기인 줄 알았어요. 총독부에서는 가벼운 돌림감기이니 며칠 후면 다 나을 거라고 했지요. 그러나 실제로는 그렇지 않았어요. 가벼운 고뿔조차 앓은 적 없던 앞집 바우 아저씨도 독감에 걸리자마자 맥을 못 추고 쓰러졌거든요.

알고 보니 수많은 유럽 사람을 죽음으로 몰아넣었던 끔찍한 독감이 조선까지 번진 거였어요. 무오년에 유행했다 하여 조선에서는 이 독감을 '무오독감'이라 불렀지요. 총독부도 뒤늦게 심각성을 알았지만 이미 많은 사람이 목숨을 잃은 후였어요.

다행히 다음 날 덕이는 별다른 증상을 보이지 않았지만 덕배는 도통

마음이 놓이지 않았어요. 몇 해 전에 전차 사고로 부모님이 모두 돌아가셨는데 덕이까지 잃으면 어쩌나 두렵기만 했지요.

"아무도 없나?"

그때, 문 밖에서 날카로운 목소리가 들렸어요. 덕배는 누가 왔는지 보려고 마당으로 나갔어요. 마당에는 이미 헌병 경찰이 칼을 차고 들어와 있었지요. 헌병 경찰은 독감 때문에 조사를 나왔다고 하더니 신발을 신은 채 마루 위로 성큼성큼 올라왔어요. 그리고 여기저기를 휘저으면서 독감에 걸려 죽은 사람은 없는지 위협적으로 물었어요. 막무가내로 구는 헌병 경찰의 행동에 덕배는 잔뜩 겁을 먹었어요.

"집이 왜 이리 돼지우리 같아?"

갑자기 헌병 경찰이 덕배를 휙 돌아보더니 윽박질렀어요. 안 그래도 주눅 든 덕배의 어깨는 더욱 움츠러들었어요.

"조센징이 이렇게 불결하니까 병이 퍼지는 거 아니야?"

덕배는 억울했어요. 집은 전혀 더럽지 않았거든요. 괜히 트집을 잡는 것 같았어요. 일본의 위생과 의료 수준이 뛰어나다며 자기들 입으로 떠들 때는 언제고, 환자가 나와도 치료는커녕 죽은 사람의 숫자만 세고는 도리어 트집을 잡고 있는 모습이 퍽 실망스러웠지요.

혹시나 독감을 막을 수 있는 조치라도 해 주지 않을까 기대했던 자신이 우습게 느껴지자, 덕배는 자기도 모르게 헌병 경찰들을 향해 눈을 치 켜떴어요. 그러자 그중 한 명이 대뜸 덕배의 멱살을 잡고 흔들며 고함을 질렀어요.

"건방진 조센징. 감히 누구를 노려보는 거야?"

그러더니 다른 손으로 냅다 덕배의 따귀를 내리쳤어요. 그의 손힘에 덕배의 고개가 꺾이더니 그대로 고꾸라졌어요.

덕배는 어안이 벙벙했어요. 동네 어른들이 입버릇처럼 말하는 '나라를 잃은 백성의 설움'이 이런 것인가, 하는 생각만 머릿속을 맴돌았지요.

일왕이 나눠 준 마스크

다음 날이었어요. 포목점 뒷마당의 삼베더미를 정리하던 덕배는 일이 손에 잡히지 않았어요. 밤새 덕이의 기침이 심해진 것 같아서 불안한 생각이 자꾸 들었거든요. 그런 덕이를 두고 나오는 발걸음이 어찌나 무겁던지요.

하지만 여기서 허드렛일이라도 해야 품삯을 받고 덕이를 굶기지 않기에 어쩔 도리가 없었어요. 덕배는 불안한 생각을 쫓기라도 하듯 고개를 가로저었어요. 그러고는 얼른 일을 마치고 집에 가기 위해 다시 쉴

새 없이 움직였어요.

"덕배!"

그때 히라타가 덕배에게 알은체하며 다가왔어요. 마음이 급한 덕배는 히라타가 반갑지 않았어요. 하지만 사장님의 아들을 모른 척할 수는 없었지요. 덕배는 고개를 들어 히라타를 반기는 시늉을 했어요.

그런데 히라타는 흰 천으로 입과 코를 가리고 있었어요. 덕배가 어설

픈 일본어로 물었어요.

"히라타, 얼굴을 가리고 있는 건 뭐야?"

한눈에 봐도 그냥 천은 아니었어요. 귀에 걸 수 있는 끈도 달려 있고 두께도 두툼했어요. 히라타는 마치 기다렸다는 듯 말했어요.

"마스크라는 건데, 이걸 하면 독감에 안 걸린대. 우리 천황 폐하께서 내지인(일본인)에게 나눠 주셨다면서 일본에 있는 고모가 보내 주신 거야."

히라타는 '우리 천황 폐하'를 특히 힘주어 말했어요. 그러더니 보란 듯이 으스대는 표정을 지었어요. 평소라면 이마를 콩 쥐어박고 싶을 만큼 얄미웠을 테지만 오늘은 부러운 마음이 먼저 들었어요.

'우리 덕이도 저런 마스크를 쓸 수 있으면 좋을 텐데. 식민지 백성은 기댈 곳이 없구나.'

덕배는 낡은 고무신으로 애꿎은 흙바닥만 비벼 댔어요.

세상에 버려진 백성

히라타가 가고 나서 덕배는 남은 삼베를 마저 옮긴 후, 서둘러 집으로 돌아왔어요.

"덕이야, 오빠 왔어!"

덕배는 집 안에 들어서자마자 덕이를 찾았어요. 그런데 덕이가 맨바닥에 누워서 콜록거리는 것이 아니겠어요? 이마를 짚어 보니 불덩이 같았어요. 덕배는 얼른 이불을 깔아서 덕이를 눕힌 뒤, 서랍을 열었어요. 그러고는 포목점에서 받은 품삯을 전부 꺼냈어요. 엊그제 받은 품삯이 아직 남아 있어서 다행이었지요.

'단순한 감기일 거야. 무오독감은 절대 아닐 거야.'

덕배는 스스로를 달래며 약방으로 뛰어갔어요. 하지만 약방에는 이미 줄이 길게 늘어서 있었지요. 덕배도 얼른 섰지만 얼마나 기다려야 할지 몰랐어요. 열이 펄펄 나는 덕이가 떠올라 마음이 급해진 덕배가 발을 동동 굴렀어요.

"저런. 너도 급한 모양이구나."

바로 앞에 서 있던 할머니가 덕배에게 말을 걸었어요.

"동생이 아파서요. 그런데 사람이 너무 많네요. 다른 약방을 갈까 봐요."

"다른 약방에 가도 소용없을 게다. 무오독감 때문에 어딜 가도 약을 구하기 어려워."

"휴우. 그렇군요."

덕배가 한숨을 쉬며 말했어요. 그러고 나서 괜히 주위를 둘러보는데 줄을 선 사람들 모두가 덕배처럼 초조해 보였어요. 그들의 초조한 표정 위로 마스크를 끼고 으스대던 히라타의 표정이 겹쳐 떠올랐어요.

"일본인은 마스크라는 걸 하고 있던데, 그걸 하면 독감이 잘 안 옮겠죠?"

이번에는 덕배가 할머니에게 먼저 말을 걸었어요.

"그렇겠지. 게다가 일본인은 예방 주사도 맞는다더구나. 그런데 조선 사람들은 약을 구하기조차 이렇게 어려워서야, 원."

"총독부에서 조선인도 일왕의 백성이라고 했잖아요. 그러니까 저희도 곧 마스크를

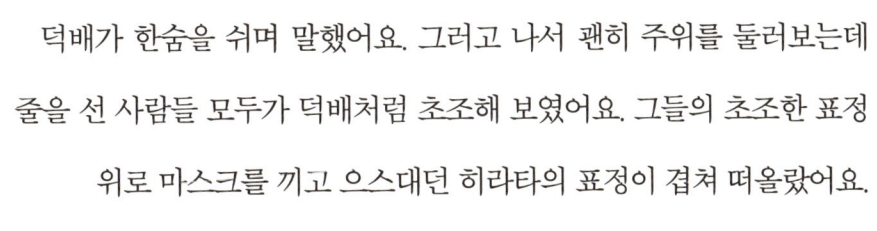

받고, 주사도 맞지 않을까요?"

덕배는 혹시나 하는 심정으로 물어보았어요.

"일본인 대신 조선인을 부려먹으려고 그런 말을 한 게지, 실제로 조선인을 어디 사람 취급이나 하든? 병에 걸리면 병균 취급밖에 더 하더냐?"

돌아온 답은 역시나 예상대로였어요. 할머니의 말은 당장 분해도 인정할 수밖에 없었어요. 일본은 조선을 그저 주권을 빼앗은 식민지 백성으로 여길 뿐이었으니까요.

한참을 기다린 끝에 드디어 덕배의 순서가 다가왔어요. 바로 그때였어요.

"약이 모두 떨어졌으니 다들 돌아가시오!"

약이 그만 동나고 말았어요. 사람들이 따졌지만 그렇게 따진다고 해서 없던 약이 갑자기 생길 리 없었지요. 덕배는 빈손으로 돌아갈 수밖에 없었어요. 머릿속에 힘도 없이 축 처져 있을 덕이가 떠올라 왈칵 눈물이 쏟아질 것 같았어요.

'왜 우리는 아무도 나서서 지켜주지 않는 거야.'

나라를 잃었다는 사실이 그 어느 때보다도 괴롭게 덕배의 가슴에 와닿았어요.

스페인 독감과 주권

> **전쟁 때보다 많이 죽었다고?**

스페인 독감은 조류 독감의 일종으로, 제1차 세계대전 때 미군들 사이에서 시작된 걸로 알려져 있어. 스페인 독감은 군인을 따라 프랑스, 영국 등으로 번지다가 전쟁 막바지에는 전 세계로 퍼져 나갔지. 전쟁터에서 죽은 사람보다 적게는 2배, 많게는 5배나 많은 사람의 목숨을 빼앗아 갔어.

대부분의 나라들은 스페인 독감이 퍼지고 있다는 사실을 숨기기 바빴어. 전쟁에 불리할 수 있는 모든 정보들을 통제하고 있었거든. 그러나 스페인은 전쟁에 참여하지 않은 덕분에 전염병의 피해 상황을 언론을 통해 자세하게 알릴 수 있었어. 스페인 독감이라는 이름도 이때 생기게 됐지. 하지만 오늘날에는 이름

때문에 스페인에서 병이 시작됐다고 오해하는 사람들이 많아.

+ 지식플러스

전염병 이름에 담긴 원칙

2015년 세계보건기구(WHO)는 질병의 이름에 지리, 사람, 동물, 직업 등을 쓰지 않도록 권했어요. 질병에 붙은 특정 지명이나 인명이 차별이나 오해를 불러일으킬 수 있기 때문이에요.

스페인 독감으로 더욱 혹독했던 일제강점기

1918년 9월, 스페인 독감은 일제강점기의 조선에도 찾아왔어. 하지만 당시 총독부는 독감의 위험성을 제대로 알지 못했어. "다행히 이번 감기는 가벼우므로, 길어도 일주일 이내에 낫고 이 병으로 죽는 자는 없다고 하니 기쁜 일"이라고 말하기도 했지.

그러나 병이 퍼지고 한두 달 만에 조선은 큰 혼란에 빠졌어. 독감 때문에 쓰러지는 사람이 한둘이 아니었어. 학교와 관공서는 문을 닫았고, 노랗게 익은 벼들은 추수할 사람이 없어서 논에 그대로 남겨졌지. 가족 전부가 죽는 바람에 집 안에 시체가 방치되는 경우도 많았어.

한편 약방은 감기약을 사려는 사람들로 북적였어. 독감에 걸린 사람들이 워낙 많다 보니 감기약은 품절되기 일쑤였지. 장례를 치르기 위해 관이나 삼베를 찾는 사람도 많았는데, 값이 무섭게 오르는 바람에 평소보다 아주 비싼 값을 내야 겨우 살 수 있었어. 그래서 돈이 없는 사람들은 시체를 거적(짚을 엮어서 만든 자리)에 싸서 관에 담지도 못한 채 묻을 수밖에 없었어.

➕ 지식플러스

김구도 스페인 독감에 걸렸어요.

건강하기로 소문난 김구도 스페인 독감은 피하지 못했어요. 김구는 『백범일지』에 자신의 몸이 건강하다는 것을 자랑하며 평생 병원에 간 적은 혹을 떼러 한 달, 서반아 독감(스페인 독감)에 걸렸을 때 20일간 치료했을 때뿐이라는 기록을 남겼지요.

🔊 일본은 식민지에 퍼진 전염병을 어떻게 대처했을까?

1918년, 조선이 일본에게 주권을 빼앗긴 지 8년째 되는 해였어. 조선은 나랏일에 관해서는 어떤 것도 스스로 결정할 수 없었어. 전염병이 번지는 것을 막고 환자를 치료하는 일도 일본의 지시를 따라야 했지.

전염병이 돌 때 마스크 착용을 중요시한 것은 그 당시에도 마찬가지였어. 일본은 나랏돈으로 재료를 사서 마스크를 만든 후에 일본인들이 싼 값에 살 수 있도록 했어. 경찰과 가난한 사람에게는 무료로 나누어 주기도 했지.

그러나 조선인에게는 어림도 없는 일이었어. 예방 접종도 일본인만 맞았을 뿐, 조선인은 독감이 퍼지고 나서 1년이 지나서야 겨우 맞을 수 있었어. 그나마도 매우 적은 수의 사람들만 기회를 얻을 수 있었지. 조선인과 일본인이 모두 같은 백성이라는 것은 오로지 말뿐이었던 거야.

그사이 사망자는 계속 늘었는데, 조선에 살고 있는 일본인에 비해 조선인의 사망률이 두 배나 높았어. 하지만 일본은 독감 환자와 사망자의 수를 세는 것 말고는 방역과 치료에 무관심했어. 그러면서 조선인들이 더러워서 전염병이 퍼지는 거라며 책임을 떠넘기기 바빴지.

결국 사람들의 분노가 점점 쌓이면서 더더욱 독립을 원하게 됐어.

나라를 다스리는 권리, 주권

주권이 사라지면 어떤 일이?

우리나라는 1910년부터 36년 동안 일본에 주권을 빼앗겼어. 주권은 나라의 주인으로서 중요한 일을 스스로 결정할 수 있는 권리를 말해.

이러한 권리를 잃고 지내는 동안, 일본은 조선인의 재산을 빼앗고, 우리말과 글을 못 쓰게 했으며, 전쟁터에 조선인을 강제로 끌고 갔어. 스페인 독감이 퍼졌을 때 백성들의 안전과 생명을 지킬 마땅한 대책이 없었던 것도 조선이 주권을 잃었기 때문이야.

이처럼 주권을 갖지 못하면 인권을 침해당하는 것은 물론이고 생존까지 위협받을 수 있어. 주권은 그 나라의 국민들을 지켜주는 울타리와 마찬가지인 셈이지.

  일제강점기의 일본처럼 힘이 센 나라가 힘이 약한 나라의 주권을 통째로 빼앗는 경우도 있지만, 독재자가 나타나 국민의 주권을 무시하는 경우도 있어. 우리나라 역시 독재자들이 국민의 자유를 제한하며 통제하고 감시했던 적이

조선인의 재산을 빼앗고

우리 말과 글을 사용하지 못하게 하고

전쟁터에 강제로 끌고 가기도 했어.

있어.

하지만 우리나라 사람들은 주권을 빼앗겼을 때 목숨을 바쳐서라도 되찾으려고 노력했어. 일본에 맞서서 독립운동에 나서거나 독재를 막기 위해 민주화운동에 참여하면서 말이야. 이러한 노력들이 밑거름이 되어 민주주의도 발전할 수 있었어.

우리나라의 주권은 국민에게 있어

제1조 제2항 : 대한민국의 주권은 국민에게 있고, 모든 권력은 국민으로부터 나온다.

대한민국의 주인은 누구일까? 나라를 통치하는 대통령일까? 헌법에서 밝히고 있듯이 대한민국의 주권은 국민에게 있어. 즉 대한민국을 이끌어 가는 주인은 나와 가족, 이웃처럼 평범한 국민이야. 이처럼 국민이 주인인 나라를 '민주주의 국가'라고 해.

민주주의 국가에서 국민이 주권을 가지고 나라를 다스리는 방식에는 두 가지가 있어. 바로 '직접 민주 정치'와 '대의 민주 정치'야.

직접 민주 정치는 나라의 중요한 일을 결정할 때 국민 모두가 참여하는 방식이지. 하지만 나라에 일이 있을 때마다 모든 국민이 한자리에 모이는 것은 현실적으로 불가능해.

그래서 대부분의 민주주의 국가에서는 국민이 자신을 대표하는 사람을 직접 뽑아서 나랏일을 대신 하도록 하는데, 이것을 대의 민주 정치라고 불러. 우리나라도 대의 민주 정치 방식을 택하고 있지.

국민이 주권을 행사하는 방법, 선거

나랏일 맡길 사람을 국민의 손으로 직접 뽑는 것을 '선거'라고 해. 선거는 국민이 국가의 주인으로서 정치에 참여할 수 있는 방법이야. 우리나라에서는 대통령, 국회의원, 도지사, 시장, 군수 등을 선거를 통해 뽑아. 선거로 뽑힌 대표자에게는 법을 만들고 세금을 사용하는 등 나라의 중요한 일을 책임지고 이끌 수 있도록 큰 힘이 주어져.

　이 힘은 정해진 기간에 국민의 안전과 행복을 지키는 목적으로만 써야 해. 하지만 종종 그렇지 않은 경우가 생기곤 해. 나랏일을 소홀히 한 채 국민에게 받은 힘을 함부로 사용해서 자신의 이익을 챙기거나, 그 힘을 오래 갖고 싶어서 비리와 불법을 저지르는 사람들도 있거든.

　그렇기 때문에 국민은 선거가 끝난 후에도 대표자가 국민의 뜻을 무시한 채 나랏일을 제멋대로 결정하지는 않는지 늘 관심을 갖고 지켜봐야 해.

국가의 주인으로서 선거에 참여해요.

➕ 지식플러스

공정한 선거를 위한 네 가지 원칙

☑ **보통선거**

정해진 나이 이상의 국민이면 누구나 투표할 수 있어요.

☑ **평등선거**

한 사람당 한 표만 행사할 수 있어요.

☑ **직접선거**

투표는 내가 직접 해야 해요. 다른 사람이 대신 해 줄 수 없어요.

☑ **비밀선거**

누구에게 투표했는지 다른 사람이 알 수 없어요.

백신 주권을 지키려는 노력

코로나19가 전 세계를 휩쓸자 많은 나라들이 직접 백신을 만들기 위해 나섰어. 이처럼 자기 나라의 기술로 백신을 만들 수 있는 능력을 '백신 주권'이라고 해.

백신 주권을 가진 나라는 전염병이 돌때마다 국민에게 신속히 백신을 접종할 수 있지만, 백신 주권을 갖지 못한 나라는 백신을 갖고 있는 나라에 의존할 수밖에 없어.

하지만 백신을 갖고 있는 나라도 자기 나라의 국민이 먼저일 수밖에 없겠지? 그러면 백신이 없는 나라는 자기 나라 국민에게 접종할 백신을 구하지 못해서 발을 동동 구를 수밖에 없어. 그렇기 때문에 백신 주권은 국민의 생명을 안전하고 신속하게 지키기 위해 꼭 필요한 힘이야.

전문가들이 말하길 코로나19가 사라져도 새로운 전염병이 계속 발생할 거라고 해. 그래서 백신 주권에 대한 중요성은 날이 갈수록 커지고 있어. 그러므로 언제 다시 나타날지 모를 전염병의 위험에 대비해서 백신 주권을 지키기 위한 노력과 관심은 계속 요구될 거야.

교과서 속 민주주의 키워드

대한민국은 민주공화국

'대한민국은 민주공화국이다'라는 말을 들어 본 적 있나요? 헌법 제1조 제1항에 나오는 말이에요. 여기에서 말하는 민주공화국이란 어떤 뜻일까요?

민주공화국 민주공화국은 주권이 국민에게 있는 나라를 말해요. 민주공화국에서는 주권을 가진 국민이 대표자를 뽑고, 국민에게 뽑힌 대표자가 국민의 권리와 이익을 위해 나라를 운영하지요.

제4장

흑인을 위한 결핵 요양소는 없다

> 우리 엄마가 병원에 못 가는 이유는
> 까만 피부 때문?

엄마가 결핵에 걸렸어요

"엄마, 들어가도 돼요?"

"콜록, 콜록."

방문 너머에서 대답 대신 기침 소리만 들렸어요.

"모넬, 엄마가 보고 싶니?"

아빠는 모넬이 안쓰러운 듯 말했어요. 모넬은 곧 울 것 같은 얼굴로 고개를 끄덕였죠. 아빠가 방문을 열자 침대에 누워 있던 엄마가 힘겹게 몸을 돌렸어요.

"엄마!"

모넬이 엄마를 향해 달려가려 하자 아빠가 막아섰어요. 엄마도 모넬에게 뭐라고 말을 하려는 듯 입을 열었지만 이내 쏟아지듯 기침을 계속했어요. 모넬은 엄마가 아파하는 모습을 제대로 보기 힘들어 고개를 숙였어요. 눈물이 바닥에 뚝뚝 떨어졌지요.

"모넬, 힘들어도 조금만 참자. 우리까지 아프면 엄마를 돌볼 수가 없잖아. 그렇지?"

모넬은 아빠의 말에 고개를 끄덕였어요.

집 안에만 있어서인지 모넬은 많이 답답했어요. 그래서 바람을 좀 쐴 겸 바깥으로 나갔지요.

엄마는 보름 전까지만 해도 스미스 부부네 집에서 가정부로 일했어요. 아침 식사부터 저녁 식사까지 준비하는 것은 물론, 집안 청소도 도맡아 했지요.

그러던 어느 날, 스미스 아저씨가 시름시름 앓기 시작했어요. 엄마는 스미스 아저씨의 병간호까지 맡아야 했죠. 처음에는 가벼운 감기인 줄로만 알았는데, 스미스 아저씨는 날이 갈수록 증세가 더 안 좋아졌어요. 기침이 심해지고 목구멍에 가래가 들끓었으며, 열이 너무 올라 숨 쉬기도 힘들어했지요.

뒤늦게 찾아간 병원에서 결핵이라고 하자 스미스 부부는 이게 다 모넬의 엄마 탓이라며 엄마를 내쫓았어요. 안 그래도 백인들 사이에서는 흑인들이 결핵을 퍼뜨린다는 소문이 돌았거든요.

하루아침에 일자리를 잃게 된 엄마는 집에서 쉴 수 없다며 바로 다음 날부터 다른 집 헛간 청소를 했어요. 그런데 그날 밤, 몸에 열이 나기 시작했죠.

　엄마는 왠지 느낌이 이상하다며 혼자 방에 들어갔어요. 모넬과 아빠에게 절대 들어오지 말라며 신신당부를 했어요. 그렇게 2주가 흘렀고, 그사이 엄마의 증세는 점점 나빠지고 있었어요.

백인만을 위한 결핵 요양소

모넬은 그동안 있었던 일을 떠올리며 한참 길을 걸었어요. 그리고 어김없이 '카토바' 앞에서 발길을 멈추었죠. 카토바는 결핵 환자를 전문적으로 치료하는 곳이었지만, 모넬의 엄마는 들어갈 수 없었어요. 카토바는 백인 환자만 입원할 수 있었거든요.

"아얏!"

바로 그때 작은 돌멩이가 모넬의 뒤통수로 날아왔어요. 카토바 입구를 기웃거리던 모넬은 머리를 만지며 주변을 둘러봤죠.

"당장 썩 꺼지지 못해? 어디 더러운 흑인 여자애가 여기에 있어!"

지나가던 백인 할아버지가 모넬을 꾸짖었어요. 모넬은 어떻게 해야 할지 몰랐어요. 다시 집으로 돌아가야 하는데 무서워서 몸이 움직이질 않았지요. 그때였어요. 누군가 모넬에게 아는 척을 했어요.

"얘, 너 우리 집에서 일하던 흑인 가정부 딸 아니야?"

모넬에게 말을 건넨 사람은 스미스 아주머니였어요. 뒤따라오는 스미스 아저씨도 보였지요. 결핵에 걸렸다던 아저씨는 건강해 보였어요.

'우리 엄마한테 결핵을 전염시켜 놓고서 저렇게 아무렇지도 않다니⋯⋯.'

모넬은 왠지 화가 나 스미스 아저씨를 빤히 바라보았죠.

"얘 봐라. 어디서 인상을 쓰니? 내가 너희 엄마 때문에 얼마나 고생했는지 알아? 여보, 걔한테 가까이 가지 마. 그 녀석도 결핵에 걸렸을지 어떻게 알아. 얼른 집으로 가자."

스미스 부부는 팔짱을 낀 채 모넬 앞을 지나쳐 갔어요. 모넬은 씩씩거리며 부부의 뒷모습을 한참 동안 바라봤지요.

흑인만 아파야 하나요

"모넬, 어디 갔다 이제 오니?"

아빠가 기다렸다는 듯 모넬을 반겼어요. 그리고 빵 조각 하나와 우유 한 컵을 쟁반에 담더니 모넬 앞으로 내밀었죠.

"오늘 저녁은 네가 갖다 줄래?"

모넬은 깜짝 놀라 눈을 동그랗게 떴어요. 엄마의 식사를 챙겨 주는 일은 늘 아빠 몫이었거든요. 그동안 아빠는 엄마 곁에 가면 위험하다며 모넬을 말렸지만 오늘은 달랐어요.

"대신 이걸 꼭 해야 돼."

아빠는 주머니에서 손수건을 꺼내 모넬의 코와 입을 가린 다음, 머리 뒤로 끈을 꼭 묶어 줬어요.

모넬은 아빠에게 건네받은 쟁반을 들고 엄마 방으로 조심히 들어갔죠. 엄마는 모넬을 보더니 반가운 기색을 내비쳤어요. 며칠 못 본 사이 홀쭉해진 엄마를 보니 모넬은 금방이라도 눈물이 나올 것 같았어요. 하지만 엄마가 슬퍼할까 봐 모넬은 꾹 참았어요.

"엄마, 너무 보고 싶었어요. 빨리 나으세요. 그리고 있잖아요……."

엄마는 조잘거리는 모넬을 사랑스럽게 쳐다보다가 갑자기 기침을 터트렸어요. 수건으로 입을 막았지만 수건에 무언가가 묻어 나왔어요.

"엄마, 피……."

엄마의 기침 소리를 들었는지 아빠가 서둘러 방으로 들어와 모넬을 번쩍 들어 밖으로 옮겼어요. 그리고 방문을 닫아 버렸어요. 모넬은 굳게 닫힌 방문을 두드리며 울음을 터트렸어요.

"엄마! 아빠! 우리도 병원 가면 안 돼요? 흑인은 왜 이렇게 아파야 하는 건데요. 우리도 백인이랑 똑같이 치료 받을 수 없나요?"

모넬은 참았던 울분을 터트리며 소리를 쳤어요. 하지만 문 너머에는 엄마의 기침 소리만 들릴 뿐이었어요.

결핵과 평등한 복지

20세기 초 미국을 뒤흔든 전염병, 결핵

결핵은 석기시대 화석이나 고대 이집트의 미라에서도 그 흔적이 발견될 정도로 오래된 전염병이야. 결핵 환자가 기침을 할 때 외부로 튄 결핵균이 공기 중에 떠다니다가 다른 사람이 숨을 쉬는 순간 몸속으로 들어가면서 생기지. 주로 폐에서 많이 발생하기 때문에 폐결핵이나 폐병이라고 부르기도 해.

결핵은 역사상 가장 많은 생명을 앗아간 병으로, 20세기 초에는 미국 전역을 뒤흔들기도 했어. 특히 미국의 버지니아 주에 남긴 피해는 무시무시했지. 해마다 1만 명 이상의 사람들이 결핵에 걸렸고, 이 중에서 살아남은 사람은 절반도 되지 않았어.

백인만을 위한 결핵 요양소

1909년, 버지니아 주의 로어노크 지역에 '카토바 요양소'라는 결핵 요양소가 세워졌어. 카토바 요양소는 미국 역사상 처음으로 주 정부에서 후원하는 치료 시설이었어. 결핵 환자들의 치료를 개인에게만 맡길 것이 아니라, 나라에서도 함께 책임을 지기로 한 결정이었지.

카토바 요양소가 문을 열자, 수많은 결핵 환자가 몰려들었어. 그러자 버지니아 주 정부는 샬러츠빌 지역에 '블루리지 요양소'도 세웠어. 주 정부가 후원하는 두 번째 치료 시설이었지.

결핵은 깨끗하지 못한 곳에서 생활하거나, 또는 영양이 부족할 때 쉽게 걸리는 병이야. 그런데 당시 미국의 흑인들 대부분은 고된 일을 하며 휴식을 제대로 취하지 못하고 끼니를 거르는 일도 많았기 때문에 결핵에 걸리는 사람들이 백인에 비해서 많을 수밖에 없었어.

안타깝게도 카토바 요양소와 블루리지 요양소는 백인만을 위한 요양소였어. 피부색만 다를 뿐 흑인도 버지니아 주의 시민이었지만 미국 사회에서는 백인과 흑인을 똑같이 대하지 않았던 거야.

🔊 흑인을 위한 결핵 요양소가 탄생하다

다행히 당시에 흑인도 백인과 동일하게 치료받아야 한다고 주장한 간호사가 있었어. 바로 미국의 세 번째 대통령인 토머스 제퍼슨의 증손녀, 랜돌프였지. 그녀는 연설을 통해 흑인을 위한 결핵 요양소도 필요하다며 사람들을 설득했어. 하지만 흑인 결핵 요양소를 세우는 일은 쉽지 않았지. 백인들은 자기들이 사는 곳에 흑인 결핵 요양소가 들어서려고 할 때마다 격렬히 항의했거든.

언젠가부터 백인들 사이에서는 흑인이 결핵을 퍼뜨리는 걸지도 모른다는 불안감이 퍼졌어. 흑인이 백인의 집에서 집안일이나 요리를 대신 하는 경우가 많았거든. 이러한 불안이 자꾸 커지자, 그때서야 흑인을 위한 요양소를 세우는 것에 동의하는 백인들이 늘기 시작했어.

결국 버크빌에도 흑인을 위한 치료 시설이 어렵게 세워졌어. 하지만 그건 흑인들의 건강과 안전을 위한 선택은 아니었어. 백인의 눈에는 흑인을 향한 차별적인 시선이 여전히 남아 있었기 때문이야.

국민의 행복을 평등하게

국가의 정책은 모든 국민에게 고르게

카토바와 블루리지 결핵 요양소는 버지니아 주 정부의 후원으로 세운 치료 시설이었지만, 치료를 받을 수 있는 사람은 백인뿐이었어. 당시 사람들은 치료를 받을 자격이 있는 사람과 그렇지 못한 사람을 피부색으로 차별했던 거야.

하지만 사람은 누구나 태어나면서부터 행복하게 살 권리가 있어. 만약 질병과 가난, 전쟁 등의 위험 속에서 평생을 보내야 한다면 어느 누가 행복할 수 있을까? 그러나 이런 위험들은 개인의 힘만으로 벗어나기가 힘들어.

그래서 민주주의 국가는 국민이 위험하고 불안한 삶에서 벗어나 안정적으로 살 수 있도록 다양한 정책을 실시하고 있어. 이를 '복지 정책'이라고 해. 그리고 이렇게 국민을 위해 만든 정책은 평등 사상에 따라 모든 국민들이 고르게 혜택을 누릴 수 있어야 하지.

차별 없는 의료 혜택이 필요해

결핵은 제때 치료를 받으면 대부분 나을 수 있지만, 치료를 받지 않으면 사망할 확률이 50~60%에 이를 정도로 치명적인 질병이야. 다행히 우리나라에서는 누구나 병원비 걱정 없이 결핵 치료를 받을 수 있어. '건강보험'이라는 제도 덕분에 결핵 치료에 드는 모든 비용을 지원받을 수 있거든.

건강보험 제도는 평소 국민이 낸 건강보험료를 건강보험공단에서 관리하다가 치료가 필요한 사람에게 의료비를 지원해 주는 제도야. 어떤 병인지에 따라서 지원받는 비용이 많기도 하고 적기도 하지만 모든 국민이 차별 없이 혜택을 받을 수 있지. 출신이 다르거나 가난하다고 해서 국가에서 지원해 주는 복지 혜택에서 제외되지 않아. 오히려 사회적 약자일수록 보험료를 적게 낼 수 있도록 배려를 받고 있지.

모든 사람이 평등한 세상을 위하여

그런데 사회적 약자라고 해서 보험료를 적게 내면 불평등한 것이 아닐까? 이런 의문이 든다면 수영 시합을 생각해 봐. 어린이와 수영 선수가 똑같은 출발선에서 출발한다고 해서 이것을 평등하다고 생각하는 사람은 아무도 없을 거야. 어린이와 수영 선수의 차이를 고려하지 않는다면 실제로는 불평등이 일어날 수밖에 없기 때문이지.

즉 모든 사람에게 차별 없이 똑같은 기회를 준다고 해서 꼭 평등이 보장된다고 할 수는 없어. 진정한 평등을 이루기 위해서는 서로의 차이를 잘 고려해야 하지.

특히 장애인, 어린이, 노인, 외국인 노동자, 저소득층 등 사회적 약자의 처지를 잘 살펴서 균등한 기회와 함께 동등한 대우를 받을 수 있도록 하는 것이 중요해.

마스크를 받지 못한 사람들

코로나19가 처음 시작됐을 때는 당연히 치료제와 백신이 없었어. 그런 상황에서 각자의 안전을 지킬 수 있는 방법은 마스크가 유일했지. 하지만 사람의 수에 비해 마스크의 수가 부족해서 구하는 것이 쉽지 않았어. 그러자 정부는 공적 마스크 제도를 만들어서 일주일에 한 명당 2매를 살 수 있도록 조치했어.

이 제도 덕분에 사람들은 안정적으로 마스크를 구할 수 있게 되었어. 하지만 이주민과 난민은 여전히 마스크를 구하기가 힘들었어. 마스크를 사려면 건강보험에 가입되어 있어야 했는데, 이주민과 난민 중에는 가입되지 않은 사람들이 많았거든.

얼마 후 마스크를 구하는 것이 쉬워지자, 건강보험에 가입되지 않은 사람들도 마스크를 살 수 있도록 정책이 바뀌었어. 하지만 우리나라에서 함께 사는 사람들을 사회적 혜택의 대상자에서 빠트렸다는 건 아쉬운 부분이기도 해. 자칫 이주민과 난민은 이번처럼 위험이 도사리는 상황이 또 왔을 때 제도적으로 차별 받는 것이 당연하다는 인식을 심어 줄 수 있거든.

교과서 속 키워드

#사회적 약자 사회적 약자는 장애인, 어린이, 노인, 외국인 노동자, 저소득층 등 외모나 문화가 다르거나, 경제적인 능력과 힘이 약하다는 이유로 인권 침해를 쉽게 받는 사람들이에요. 그렇기 때문에 오히려 사회적 약자를 배려하는 다양한 복지 정책이 필요해요.

제5장

한센병 환자들의 감옥, 소록도

창살 없는 감옥에 갇힌 사람들

한 달에 한 번 보는 얼굴

영자네 가족은 1935년, 그러니까 1년 전에 소록도에 왔어요. 영자의 아빠와 엄마가 병에 걸렸거든요. 엄마가 먼저 시름시름 앓더니 며칠 뒤 피부에 멍울이 생기기 시작했어요. 엄마를 극진하게 간호하던 아빠도 엄마와 똑같은 병을 얻었죠.

동네 사람들은 "문둥이 가족이 가까이에 사는 게 더럽고 불쾌하다."며 영자네 가족을 억지로 내쫓았어요. 어쩔 수 없이 이곳저곳을 떠돌며 지내던 영자네 가족은 어느 날 경찰과 마주쳤어요. 경찰은 영자의 부모님을 보더니 저 멀리 소록도에 가면 병도 고쳐 주고 밥도 먹여 준다고 말했지요.

소록도에 도착한 날, 부모님과 영자는 생이별을 해야만 했어요. 영자는 '미감아', 즉 병에 감염되지 않은 아이였거든요. 병든 부모와 함께 섬에 들어왔거나 섬에서 태어난 아이들은 부모와 헤어져 보육원에서 살아야 했어요.

그나마 한 달에 한 번 '수탄장'에서 얼굴을 볼 수 있는 기회가 주어졌어요. 수탄장은 '근심과 탄식의 장소'라는 뜻이에요. 부모는 병이 옮을까 봐 아이들에게 가까이 가지도 못하고 2미터나 떨어진 거리에 서서 서로를 그저 바라만 봐야 했죠. 그곳은 수탄장이라는 이름처럼 눈물과 슬픔이 가득한 장소였어요.

"아직 아무도 없네."

누구보다 일찍 수탄장에 나온 영자는 병원 쪽을 향해 계속 두리번거렸어요. 오늘은 부모님의 얼굴을 보는 날이거든요. 얼마 지나지 않아 보육원에 있는 아이들도 하나둘씩 나오기 시작했어요. 보육원 아이들은 누가 시키지 않아도 바람을 등진 채 일렬로 쭉 섰어요. 아이들은 기분이 들떠 수군대기 시작했어요.

"조용!" 하고 일본인 직원이 크게 소리치자 사방이 삽시간에 고요해졌어요. 저 멀리서 어른들의 발소리만 들려왔죠. 영자는 부모님 얼굴을 볼 생각에 벌써부터 눈물이 날 것 같았어요.

그리고 마침내 부모님을 보자 영자는 참았던 눈물이 터져 나왔어요.

"엄마, 아빠!"

지금 당장이라도 엄마 품에 안기고 싶은 마음에 영자는 자기도 모르게 부모님이 계신 쪽으로 발을 떼었어요. 그때였어요.

"동작 그만! 움직이지 말라고 했지!"

일본인 직원이 득달같이 달려 나와 영자를 제지했어요. 소록도에서는 자기 마음대로 행동해서는 안 되었거든요. 모두 정해진 규칙대로, 일본

인 직원의 말을 들어야 했죠.

그사이 부모님들도 일렬로 서서 자식들을 바라봤어요. 영자도 그제야 부모님 얼굴을 제대로 보았어요. 엄마의 상태가 지난달보다 훨씬 나빠졌다는 것을 단번에 알아차렸지요.

하지만 엄마와 아빠는 얼굴 가득 미소를 지어 보이며 괜찮다는 말만 반복했어요. 영자와 부모님은 서로의 얼굴을 머릿속에 새겨 넣으려는 듯 눈을 떼지 않고 바라보았어요.

그때 갑자기 부모 쪽에서 아이들 쪽으로 바람이 불기 시작했어요.

"자, 오늘은 그만! 각자의 자리로 돌아간다!"

보육원 직원들과 병원 관계자들이 서둘러 면회 시간을 끝냈어요. 부모의 병이 바람을 타고 아이들에게 옮을까 봐 그런 거였지요.

여기저기에서 탄식하는 소리가 들려 왔어요. 영자는 평소보다 짧았던 면회 시간을 아쉬워하며 보육원으로 돌아갈 수밖에 없었어요.

소록도에는 자유가 없다

영자는 또 어떻게 한 달을 기다려야 할지 막막했어요. 서 있는 것조차 힘들어하던 엄마의 모습이 자꾸 눈에 밟혔지요. 그때 보육원 친구 미자가 조용히 다가왔어요.

"영자야, 오늘 부모님 얼굴도 너무 짧게 봐서 아쉽지 않아?"

영자가 말없이 고개를 끄덕이자 미자가 주변을 두리번거리며 눈치를 보더니 귓속말을 했어요.

"사실 며칠 전에 알게 된 곳이 있어. 거기라면 멀리서나마 부모님을 볼 수 있을지 몰라. 나랑 같이 갈래?"

미자의 말을 들은 영자는 깜짝 놀라 눈을 동그랗게 떴어요. 일본인 직원에게 걸리기라도 하면 큰일이거든요. 하지만 영자는 혼나더라도 엄마가 보고 싶었어요.

"그래, 가자."

다행히 직원들은 모두 모여 회의를 하고 있었어요. 미자는 영자의 손을 잡고 보육원 건물 꼭대기로 올라갔지요.

옥상에 도착한 영자는 숨 돌릴 틈도 없이 미자가 가리키는 곳을 바라봤어요. 그곳에는 희미하게 소록도 병원이 보였죠.

그런데 영자는 뭔가 이상하다는 걸 느꼈어요. 병실 안에서 치료 받아야 할 부모님들이 공사장에서 일을 하고 있었거든요. 어떤 사람은 뭘 잘못했는지 경찰이 휘두르는 채찍을 맞고 있었어요.

"미자야, 부모님들 지금 일하고 있는 거야? 병원에서 치료 받는 거 아니었어?"

"영자, 너 몰랐어? 너희 부모님은 너 걱정할까 봐 말씀 안 하셨구나. 우리 엄마가 그러는데 병에 걸렸다는 이유로 외딴섬에 가두는 것도 모자라 이렇게 억지로 일까지 시킨대. 말도 안 되지만 사실이야. 그래서 사실 나도 여기 잘 안 와. 보기만 해도 괴롭거든. 근데 오늘은 면회 시간이 너무 짧아서 이렇게라도……."

영자는 너무 속상해서 가슴이 아팠어요.

보이지 않는 엄마

어느덧 시간이 흘러 한 달이 지났어요. 이번에도 수탄장에 가장 먼저 도착한 사람은 영자였어요. 보육원 아이들이 일렬로 서자 잠시 후 부모님들이 나오기 시작했죠.

그런데 아무리 찾아봐도 영자의 눈에는 엄마가 보이지 않았어요. 영자는 불안한 마음이 들었어요. 그때였어요.

"영자야! 이 아비가 미안하다. 엄마를 제대로 지키지 못했어······."

아빠가 영자에게 달려오며 말했어요. 영자도 아빠를 향해 달려갔어요. 주변 사람들이 웅성거리기 시작했고, 일본인 직원들은 호루라기를 불며 영자와 아빠 쪽으로 달려왔어요. 결국 영자와 아빠는 서로 손 한 번 잡지 못하고 일본인 직원에게 끌려갔어요.

"자식이 눈앞에 있는데 안아 보지도, 어루만지지도 못하니 이게 사는 겁니까. 어떻게 우리 마음대로 할 수 있는 게 하나도 없단 말입니까."

끌려가는 아빠는 큰 소리로 울부짖었어요. 아무것도 할 수 없는 영자는 눈물만 하염없이 흘렸어요.

전염병은 왜?

한센병과 자유권

> **한센병 환자는 혐오와 편견의 대상**

　한센병은 '나균'이라는 병원균에 감염되어 발생하는 질병이야. 그래서 '나병'이라고도 부르기도 해. '문둥이'는 나병에 걸린 환자를 낮잡아 부르는 말이라 사용해선 안 돼. 한센병은 그 기록을 인도와 중국의 기원전 자료에서 찾아야 할 정도로 인류 역사상 가장 오래된 질병 중 하나야. 우리나라는 『조선왕조실록』에서 처음 이와 관련된 기록을 볼 수 있어.

　한센병에 걸리면 피부에 얼룩덜룩한 점이 생기고, 그 부분의 감각이 마비돼. 게다가 눈썹이 빠지고 얼굴이 무너지거나 피부가 썩어 손발이 뭉툭해지는 등 생김새가 크게 달라져서 과거 사람들은 이 병에 걸린 사람을 끔찍하고 더럽다며 혐오했어. '하늘이 내린 벌'이라고 할 정도로 편견이 심했지.

강제로 격리당해야 했던 조선의 한센병 환자들

한센병은 주로 한센병 환자가 기침을 하거나 재채기를 할 때 나오는 침에 의해 전염되는 것으로 알려져 있는데, 아직도 정확한 감염 경로가 밝혀지지 않았어. 게다가 다른 전염병에 비해 감염 전파력이 매우 낮아. 하지만 1910년대에는 한센병에 대한 정보가 거의 없어서 감염 가능성이 매우 높은 것으로 잘못 알려졌어. 그래서 강제로 한센병 환자들을 외딴 곳에 떼어 놓기로 결정했지. 그곳이 바로 지금 전라남도 고흥군에 있는 소록도야.

1916년 일제는 한센병을 치료하고 연구한다는 목적으로 소록도에 '자혜의원'을 세웠어. 그리고 한센병에 걸린 우리나라 사람들을 전부 모아 소록도에 보냈지. 하지만 그들은 최소한의 치료만 받은 채 벽돌을 만들거나 감금을 당하는 등 온갖 시련을 겪어야 했어.

환자가 아닌 죄수 취급을 했던 소록도

소록도 자혜의원에서는 한센병 환자에게 강제로 노동을 시키는 것은 물론, 일본식 옷을 입혀 억지로 신사 참배를 강요했지. 한센병 환자들은 생활에 필요한 짚신 만들기부터 병원 확장 공사까지 소록도에서 일어나는 모든 일을 도맡아 했어.

한편, 자혜의원은 1934년에 '소록도 갱생원'이라는 이름으로 바뀌었는데, 이곳엔 붉은색 벽돌로 지은 감금실이 있었어. 갱생원 원장은 법적 판단이나 절차 없이 한센병 환자를 처벌할 수 있었어. 부당한 대우에 항의하거나 규칙을 어긴 환자들은 어김없이 감금실에 갇혀 지내야 했지.

➕ 지식플러스

소록도의 아픈 역사를 간직한 한센병박물관

현재 소록도의 국립소록도병원에는 한센병박물관이 있어요. 이곳에서는 노동력을 착취당한 한센병 환자들의 생활용품, 과거에 사용한 한센병 치료제들을 전시하고 있지요.

개인이 자유롭게 살 권리, 자유권

> 국가의 간섭을 받지 않을 개인의 권리

'자유'란 남에게 구속을 받거나 무엇에 얽매이지 않고 자기 마음대로 할 수 있는 상태를 말해. 민주주의 사회에서는 이러한 자유를 국가가 국민에게 보장해야 한다는 내용이 헌법에 적혀 있어. 이를 '자유권'이라고 해.

자유권이란 개인이 국가로부터 간섭을 받지 않고 자유롭게 행동할 수 있는 권리를 뜻해. 국가가 개인의 자유를 침해하면 안 된다는 거지. 반대로 말하면 국가가 국민에게 법을 위반하는 명령을 하거나 강제로 시킬 경우, 개인은 이를 거부할 수 있는 거야. 이처럼 자유권은 인간이 태어날 때부터 마땅히 가져야 할 기본권 중 하나야.

개인이 국가로부터 보장받을 수 있는 자유는?

자유권은 기본권 중에서도 가장 오랜 역사를 가졌어. 그만큼 인간은 자신의 삶을 스스로 결정할 권리를 갖고 자유롭게 행동하는 것을 중요하게 여겼다는 거지. 그렇다면 민주주의 국가에서 개인은 어떤 자유를 누릴 수 있을까?

자유권은 크게 '정신 활동의 자유', '신체의 자유', '경제적 자유'로 나눌 수 있어. 정신 활동의 자유에는 종교의 자유, 학문·예술의 자유, 사생활의 비밀 보호 등이 있지. 신체의 자유에는 자기 의지에 따라 자유롭게 몸을 움직일 수 있는 활동의 자유, 내가 원하는 곳에서 살 수 있는 주거의 자유 등이 있고, 경제적 자유에는 직업 선택의 자유, 소비자의 자유 등이 있어. 이러한 자유를 누려야 하는 국민은 국가가 억지로 시키는 노동이나 명령을 거부할 수 있어.

📢 미란다 원칙도 자유권 중 하나!

드라마나 영화를 보면, 경찰이 범죄 용의자를 잡을 때마다 공통적으로 하는 말이 있어. "당신을 ○○ 혐의로 체포합니다. 당신은 묵비권을 행사할 권리가 있고……."로 시작하는 말이지. 이게 바로 '미란다 원칙'이야. 범죄 용의자로 지목된다 해도 누구나 변호인의 도움을 받을 수 있고, 자신에게 불리한 진술은 거부할 수 있다는 권리를 미리 알려 줘야 한다는 원칙이지.

미란다 원칙을 지켜야 하는 중요한 이유가 있어. 바로 신체의 자유권 때문이야. 인간에게는 신체의 자유가 있으므로 아무리 범죄를 저질렀다고 해도 누가 함부로 만지거나 억지로 움직이게 할 수 없거든. 아무리 국가 기관이라도 말이지. 그래서 소록도 갱생원 원장이 자기 마음대로 감금실에 환자를 가두는 건 민주주의 사회에서는 절대 있을 수 없는 일이야.

코로나19 도시 봉쇄 때문에 시위하는 유럽 사람들

코로나19 발병이 알려지기 시작한 2020년 초, 전염병에 대한 정보가 부족한 데다 확진자가 급속도로 늘면서 이탈리아, 프랑스, 독일, 네덜란드 등 유럽의 여러 나라에서는 전국 봉쇄령을 내렸어. 사람과 사람이 접촉하면 코로나19에 전염될 가능성이 높으니 외출 자체를 금지시킨 거야. 유럽 사람들은 하루아침에 꼼짝없이 집 안에만 갇혀 지내야 했지.

항공편을 막아 국가 사이의 교류를 제한한 것은 물론, 한 나라 안의 도시와 도시 사이도 오가지 못하도록 한 거야. 눈덩이처럼 불어나는 코로나19 확진자 수 때문에 스페인과 독일은 30일 동안 유럽 연합 국경 봉쇄 조치를 내렸고, 프랑스를 비롯한 몇몇 국가는 15일 동안 외출하지 말라는 통제 조치를 내렸지.

그러자 사람들은 개인의 자유권을 침해한다며 거리에 나와 시위를 벌이기 시작했어. 그들은 전염병 확산을 막기 위해 사회적 거리두기를 하는 것도 중요하지만, 개인의 신체적 활동을 제한하면서까지 봉쇄하는 것은 자유권을 침해하는 일이라고 주장했지. 우리나라에서도 초기에 코로나19 확진자의 이동 경로를 전부 공개해 사생활 침해 논란이 일어나기도 했어.

코로나19가 오랫동안 지속되면서 세계 여러 나라에서는 정해진 시간에 통행을 금지하거나 모임 인원을 제한하는 등 여러 정책을 펼쳤어. 국가는 국민의 안전과 건강을 위한 조치라고 했지만, 국가가 개인의 자유권을 침해한다고 주장하는 사람들도 많아.

이처럼 공동체의 안전과 개인의 자유에 대한 상반된 입장은 여전히 풀어야 할 숙제로 남을 수밖에 없어.

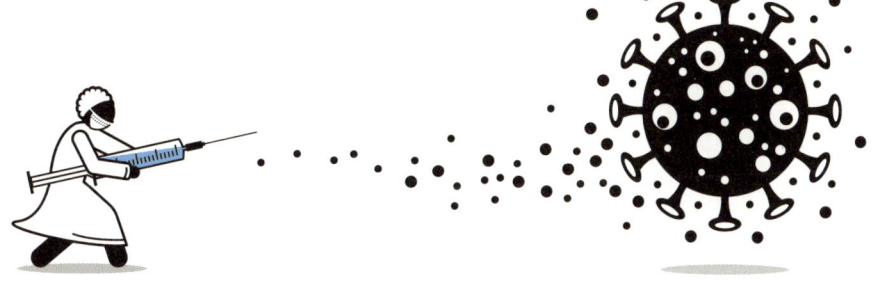

교과서 속 민주주의 키워드

국민의 기본적인 권리, 기본권

민주주의에서는 인간으로서 당연히 누려야 기본적인 권리, 즉 기본권을 헌법으로 보장하고 있어요. 인간의 존엄성과 가치, 행복 추구권을 바탕으로 자유권, 평등권, 사회권, 참정권, 청구권 등으로 나뉘어요.

#자유권 국가의 권력에 간섭받지 않고 자유롭게 행동할 수 있는 권리

#평등권 인종, 성별, 종교, 신분 등의 차별 없이 동등하게 대우받을 권리

#사회권 국가로부터 인간다운 생활을 보장받을 수 있는 권리

#참정권 국가의 의사 결정 과정에 참여할 수 있는 권리

#청구권 기본권이 침해되거나 침해될 위험이 있을 때, 기본권을 보장받기 위해 국가에 일정한 행위를 요구할 수 있는 권리

제6장

산업혁명 때 불어닥친 콜레라

깨끗하고 안전한 곳에서 살고 싶어요

기대와 다른 도시의 모습

올리버는 지난해까지 영국의 외딴 시골에서 살다가 런던 한복판으로 이사를 왔어요. 1840년대에 영국 사람들 사이에서는 도시에 가면 돈을 많이 벌 수 있다는 소문이 파다하게 퍼졌거든요.

이웃들이 하나둘 도시로 떠나자 엄마는 초조해하며 도시로 이사를 가자고 아빠를 설득했어요. 처음에는 올리버도 도시에 살고 싶었어요. 많은 사람이 모인 도시에서는 학교도 가까울 거고, 친구들도 많을 것 같았거든요.

막상 도시로 이사했지만, 올리버네 가정형편이 안 좋아지면서 학교에 다니는 것조차 쉽지 않았어요.

"아빠, 학교는 언제 갈 수 있어요?"

올리버는 아침 식사를 하는 아빠에게 조심스럽게 말을 걸었어요. 아빠는 식사를 하다 말고 올리버를 쳐다봤지요.

"먹고살기에도 빠듯한데 학교는 무슨 학교! 도시에는 일자리가 넘쳐 난다더니 콜레라인지 뭔지 전염병만 떠돌고……. 이거 원, 사람이 사람답게 살 수가 있나."

아빠는 화를 내더니 문을 쾅 닫고 집 밖으로 나가 버렸어요. 올리버는 괜한 말을 꺼냈나 싶어 고개를 푹 숙였지요.

"올리버, 학교는 아빠가 다시 공장에 취업하면 바로 갈 수 있을 거야."

엄마는 아들의 마음을 이해한다는 듯이 올리버의 머리를 쓰다듬으며 말했어요.

올리버는 시골집이 그리웠어요. 올리버 가족이 지금 사는 집은 시골집의 반의반도 안 되는 크기였어요. 게다가 한 건물에서 콩나물시루처럼 사람들이 빽빽하게 모여 살았지요. 사람들과 화장실도 같이 써야 해서 불편한 점이 한두 가지가 아니었어요.

더럽고 악취 나는 동네

올리버는 답답한 마음에 집 밖으로 나왔어요. 밖에 나오자마자 퀴퀴한 쓰레기 냄새와 각종 오물의 지린내가 코를 찔렀지요. 도시에 온 뒤로 매일 맡는 냄새지만, 올리버는 좀처럼 익숙해지지가 않았어요.

"윽, 오늘도 똥 밟았네."

올리버는 신발을 바닥에 문지르고는 다시 길을 걸었어요. 템스 강 주변에 도착한 올리버는 자기도 모르게 손으로 코를 잡아 쥐었어요. 공장에서 버린 폐수를 비롯해 각종 오물이 버려져 있어 악취가 심했거든요.

'시골집이었으면 들판에 나가 신나게 뛰어놀고 강에서 헤엄도 치며 놀았을 텐데…….'

올리버는 고향에서 보낸 즐거운 추억을 떠올리며 옛 생각에 잠겼어요.

바로 그때, 어른 여러 명이 템스 강 주변으로 몰려오기 시작했어요. 그들은 강 위에 둥둥 떠 있는 쓰레기를 가리키며 심각하게 이야기를 나눴지요. 올리버는 왠지 겁이 나 어른들 무리와 멀리 떨어져 있었어요.

그래도 무슨 일인가 싶어 궁금해 두리번거리는데, 낯익은 얼굴이 보였어요.

올리버의 아빠였지요. 올리버는 어리둥절했어요. 일자리를 알아보러 나간 아빠가 공장이 아니라 이곳에 있었으니까요.

혹시나 아빠가 알아보면 또 혼쭐이 날까 싶어 올리버는 서둘러 집으로 돌아갔어요.

우리도 건강하고 안전하게 살고 싶어요

그날 저녁 식사 자리였어요. 아빠는 기분이 안 좋아 보였지요.

"여보, 무슨 일 있었어요?"

엄마가 아빠에게 물었어요.

"내가 몇 달 전까지 다니다가 그만둔 공장 있잖아요. 거기에서 일하던 동료들이 죄다 콜레라에 걸렸대요. 몇몇은 벌써 세상을 떠났다던

데……."

 엄마는 아빠 말을 듣고 걱정하듯 말했어요.

 "지금 이웃 사람들도 난리예요. 하루가 멀다 하고 콜레라 때문에 목숨을 잃었다는 소리가 들리니 우리 가족도 전염될까 봐 두려워요. 참, 맞은편 집에 사는 아저씨도 요 며칠 설사가 너무 심해서 일을 안 나갔더니 공장에서 아예 나오지 말라고 했대요. 일을 못 하게 하면 도대체 어떻게 먹고살라는 건지……."

 엄마의 말을 들은 아빠는 주먹으로 식탁을 내리치며 큰 소리로 말했어요.

 "몹쓸 전염병 때문에 사람들이 죽어 가는데 이 나라는 뭐 하고 있는지, 원. 들리는 소문엔 우리가 마시는 물 때문에 콜레라가 전염되는 거래요. 그래서 귀족들은 깨끗한 물을 찾아서 먹는다던데. 거참, 가난한 사람들은 깨끗한 물 마실 줄을 몰라서 안 마시나? 먹을 수 있는 물이 이 더러운 것밖에 없으니 그렇지!"

 그때 누가 찾아 왔는지 문 두드리는 소리가 들려왔어요. 올리버가 달려가 문을 열어 주었지요.

 "에구, 네가 올리버구나."

 한 아저씨가 투박한 손으로 올리버의 볼을 꼬집었어요.

"어, 자네들 왔나? 어서들 오게. 어른들끼리 할 얘기가 있으니 넌 방에 들어가 있거라."

아빠가 올리버의 등을 가볍게 치며 말했어요. 아빠의 친구들이 네댓 명은 집으로 들어와 식탁을 둘러싸고 비좁게 앉았지요. 올리버는 볼을 문지르며 방으로 들어갔어요.

'어? 그러고 보니 아까 템스 강에서 봤던 분들이잖아?'

올리버는 아빠와 친구들이 무슨 이야기를 하는지 궁금해 방문 가까이에 귀를 댔어요.

"아까 템스 강 봤지? 유독 노동자들이 콜레라에 훨씬 많이 걸리는 이유가 비좁고 더러운 곳에 사는 데다 오염된 물을 마셔서 그렇다더군."

"그래서 귀족들 사는 곳에는 상하수도 공사를 대대적으로 한다고 하던데. 깨끗한 물을 마시려고 말이야."

"참나, 귀족만 사람인가? 가난하지만 우리들도 이 나라의 국민 아닌가. 우리 이렇게 가만히 있지 말고 당장 내일부터 거리에 나가 시위를 하는 게 어떤가? 깨끗한 집에서 깨끗한 물을 마시게 해 달라고 정부에 당당히 요구하는 거지. 취업도 시켜 주고 월급도 일한 만큼 달라고 말이야. 그래야 우리 아들도 학교에 보내고 아이들이 좋은 세상에서 살 수 있지 않겠나."

올리버는 어른들의 말을 전부 이해할 수는 없었어요. 다만 자기를 학교에 보내고 싶어 하는 아빠의 마음을 알게 되어 기뻤어요. 올리버는 아빠를 응원하는 마음으로 하늘에 기도했어요.

'부디 우리 가족이 콜레라에 걸리지 않고 무사히 살아갈 수 있도록 도와주세요.'

콜레라와 사회권

유럽 전역에 퍼진 콜레라

 콜레라는 오염된 물이나 음식 등을 통해 전염되는 질병이야. 드물긴 하지만 콜레라에 걸린 환자의 배설물이나 콜레라 환자와 직접 접촉하는 것만으로 감염되기도 해. 콜레라에 감염되면 처음에는 배가 아프다가 갑자기 설사와 구토를 하게 돼. 지금은 충분히 치료가 가능하지만, 과거에는 사망률이 꽤 높은 전염병 가운데 하나였어.

 콜레라는 19세기 무렵 전 세계적으로 유행했는데, 특히 유럽에서 빠르게 퍼져 나갔지. 당시 유럽은 본격적으로 산업화가 이뤄지는 시기라 철도와 공장이 급속도로 발전했어. 도시에 수많은 공장이 생기고 일자리가 늘자, 시골에 살던

사람들이 돈을 벌기 위해 기차를 타고 도시로 몰려들었지. 사람들이 가까이 모여 지내고, 이동이 쉬워지면서 콜레라가 더 빠르게 전염된 거야.

더러운 도시 환경으로 죽어 나간 런던 노동자들

19세기 영국 런던에는 약 650만 명이 모여 살았어. 지금에 비하면 적은 인구수지만, 당시에는 세계에서 인구가 많은 도시 중 하나로 손꼽혔지. 갑자기 도시에 사는 사람들이 늘어나자 그들이 먹고 버린 쓰레기의 양도 어마어마하게 늘었어. 지금이야 쓰레기 처리 시설, 상하수도 시설, 분뇨 처리 시설 등이

이런 더러운 물을 마시면 분명 병이 생길 거야.

발달돼 있지만, 그때만 해도 배설물이나 음식 쓰레기 등과 같은 오물을 길거리에 버리거나 강으로 흘려보냈지.

당시 영국에서는 콜레라 때문에 수많은 사람이 목숨을 잃었는데, 그중 런던의 노동자들의 사망률이 상당히 높았어. 형편이 어려운 그들은 더럽고 좁은 공간에 모여 살며, 오염된 물을 마셨기 때문이지.

➕ 지식플러스

콜레라 감염 지도가 있다?

런던의 의사 존 스노우는 런던 곳곳을 돌아다니면서 콜레라 증상을 보이며 죽은 사람들과 인근 지역에 있는 우물이나 펌프를 조사했어요. 마치 지금의 코로나19 역학조사처럼 콜레라 감염 지도를 만든 거예요. 존 스노우의 조사 덕분에 콜레라는 오염된 식수를 통해 감염된다는 것이 밝혀졌고, 이후 콜레라 감염 환자의 수도 서서히 줄기 시작했어요.

깨끗하고 안전한 도시를 위해 국가가 나서다

　콜레라가 유행하던 시기, 영국을 비롯한 유럽 사람들은 무엇 때문에 콜레라에 전염되는지 제대로 알지 못했어. 단순히 공장이 발생시키는 오염된 공기와 각종 오물과 배설물 등의 심한 악취 때문에 전염된다고 믿었지. 하지만 얼마 후 오염된 물 때문에 콜레라에 감염된다는 것을 알게 된 뒤로는 깨끗한 물을 얻기 위해 도시의 상하수도 시설을 바꾸어야 한다는 것을 깨달았어.

　1844년에는 도시에서 더럽고 어려운 환경에서 사는 노동자들을 중심으로 '도시 위생 개혁 운동'이 일어나기도 했어. 깨끗한 도시를 만드는 것은 국가의 책임이며, 국가가 나서서 상하수도를 정비해야 한다고 주장한 거지. 이를 계기로 1848년에는 깨끗한 도시를 만들기 위해 아예 '공중위생법'이라는 법을 만들기도 했어.

　이후 영국 정부는 상하수도관을 대대적으로 정비하고, 각종 쓰레기와 오물을 버리는 것에 원칙을 정했어. 또 도시의 건물이나 집을 최소한의 햇볕이 들어올 수 있도록 떨어져 짓게 하는 등 도시 환경을 바꿔 나가기 시작했지. 그 덕분에 콜레라 감염자 수는 확연히 줄어들었어.

인간답게 살 권리, 사회권

> 우리는 누구나 인간답게 살 권리가 있어!

사람은 누구나 인간답게 살아갈 권리가 있어. 인간은 생명을 유지하기 위해 최소한의 기본적인 생활은 누릴 수 있어야 하는데, 이것을 '사회권'이라고 해. 생존을 위해 최소한의 생활을 할 수 있는 권리라는 뜻에서 '생활권'이라고도 부르지.

민주주의 사회에서는 국민이 국가에게 인간답게 살 권리를 요구할 수 있어. 반대로 국가는 국민에게 사회권을 보장해야 하는 의무가 있지. 사회권은 20세기 현대 국가에서 비롯된 권리야. 복지 정책을 중요하게 여기면서 사회적 약자를 보호하기 위해 생겨났지.

사회권 안에도 다양한 권리가 있어!

그렇다면 인간답게 살기 위한 최소한의 기본 조건은 어떤 것들이 있을까? 사회권에는 교육을 받을 권리, 근로의 권리, 환경권, 보건권 등이 있어. 올리버를 비롯해 올리버의 이웃들이 오염되지 않은 환경 속에서 살 권리는 환경권에 속해.

반면 올리버 가족이 건강하게 살기 위해 쾌적한 집에서 살고, 깨끗한 물을 마실 수 있도록 국가에 요구하는 것은 보건권에 해당하지. 민주주의 사회에서는 누구나 깨끗하고 쾌적한 곳에서 살 수 있는 권리가 있다는 거야.

학교에 다니고 싶은 올리버에게는 교육 받을 권리가 있어. 민주주의 국가에서는 인종이나 성별, 종교, 재산 등으로 차별 받지 않고 누구나 평등하게 교육 받을 수 있어야 하지.

올리버의 아빠가 일을 할 수 있는 것도 근로의 권리, 즉 사회권에 포함돼. 일할 수 있는 능력과 일하고 싶은 마음이 있다면 국가의 간섭 없이 자유롭게 일을 할 수 있어야 해. 만약 일할 능력이 충분한데도 일을 하지 못하는 상황이 온다면, 국가가 직접 나서서 일자리를 구해 주거나 최소한의 생활비를 지급해야 한다는 내용을 복지 차원에서 법률로 정해 놓은 나라도 많아.

권리를 보장 받는다면 지켜야 할 의무도 있는 법!

민주주의 국가에서 국민으로서 권리를 보장 받고 있다면, 국민 역시 국가를 위해 지켜야 할 의무가 있어. 사회권이 법으로 정해져 있듯 국민의 의무도 법으로 정해져 있거든. 의무란 나에게 주어진 일을 마땅히 해야 한다는 뜻이야.

우리나라 국민이라면, 누구나 최소한의 교육을 받을 '교육의 의무', 세금을 내야 하는 '납세의 의무', 개인과 나라의 발전을 위해 일해야 하는 '근로의 의무', 모두의 안전을 위해 나라를 지킬 '국방의 의무'가 있지. 이렇게 네 가지를 보통 '국민의 4대 의무'라고 불러. 여기에 환경을 지키고 보전하기 위해 노력해야 하는 '환경 보전의 의무'도 헌법에 나와 있어.

최소한의 경제생활을 위한 긴급재난지원금

재난지원금은 말 그대로 재난을 당한 사람들에게 주는 지원금이야. 폭우가 쏟아져 홍수가 나거나 지진이 일어나는 등 자연재해 때문에 당장 최소한의 생활조차 어려워진 사람들에게 도움을 주는 거지.

2020년 4월, 코로나19가 급속도로 확산되었을 때에도 우리나라 정부는 긴급재난지원금을 모든 국민에게 지급했어. 코로나19 전염병도 재난이라고 판단한 거지. 갑작스럽게 닥친 전염병 때문에 사람들이 불안한 마음에 소비를 하지 않아 나라 경제 또한 위축되었거든.

이후 정부는 코로나19로 형편이 어려워진 가정이나 소상공인들을 지원하고 경제를 활성화하겠다는 이유로 여러 차례 재난지원금을 지급했어. 코로나 상생 국민지원금, 저소득층 국민지원금 등이 모두 코로나19 재난지원금에 해당돼.

이렇게 정부가 형편이 어려워진 사람들에게 재난지원금을 지원하는 이유는 바로 국민의 사회권을 보장해야 할 의무가 있기 때문이야. 우리나라 국민이 인간답게 살 수 있도록 최소한의 기본 생활을 보장해 주는 거지. 원활한 비대면 온라인 학교 수업을 위해, 저소득층 가구에 스마트 기기를 지원해 주는 것도 같은 이유에서야. 정부가 학생들에게 교육 받을 수 있는 권리를 보장해 주는 거니까. 그 밖에 코로나19 오염 지역을 무료로 방역 소독해 주는 것 또한 사회권 중 환경권을 지킨 것이라고 볼 수 있어.

교과서 속 민주주의 키워드

민주주의의 사회권

사회권은 인간다운 삶을 위해 필요한 사회적 보장 제도를 국가에 요구할 수 있는 권리를 말해요. 그렇다면 사회권에는 구체적으로 어떠한 권리가 있을까요?

 # 교육 받을 권리 능력에 따라 균등하게 교육을 받을 수 있어요.

 # 근로의 권리 자신의 의지와 능력에 따라 자유롭게 일할 기회를 요구할 수 있어요.

 # 환경권 깨끗하고 쾌적한 환경 속에서 건강한 생활을 누릴 수 있어요.

 # 보건권 국가는 국민의 건강을 침해해서는 안 되며, 국민은 자신의 건강을 유지하며 생활하기 위해 필요한 정책을 만들도록 국가에 요구할 수 있어요.